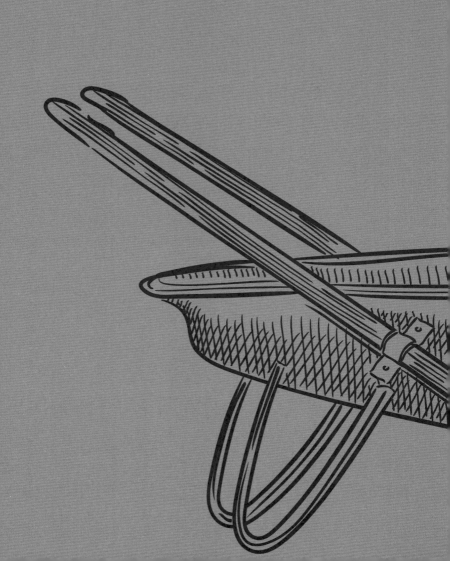

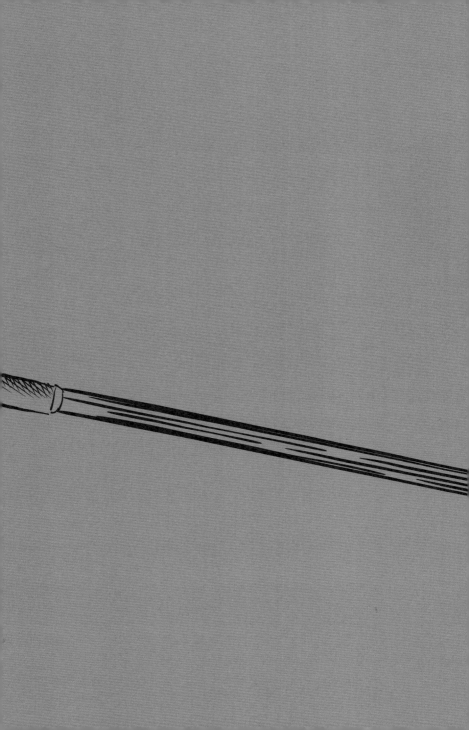

퍼머컬처로 귀향을 디자인하다

지은이	임경수
초판발행	2024년 2월 15일
펴낸이	배용하
책임편집	배용하
내지 일러스트	이현경
등록	제2021-000004호
펴낸곳	도서출판 비공
	https://bigong.org	페이스북:평화책마을비공
등록한곳	충남 논산시 매죽헌로 1176번길 8-54
편집부	전화 041-742-1424 전송 0303-0959-1424
분류	농촌	귀농귀촌	퍼머컬처
ISBN	979-11-93272-03-9 (03190)

값 12,000원

퍼머컬처로
귀향을 디자인하다

임경수

코로나 19가 한창일 때 우리 동네에 있는 미디어센터는 '방구석 장기자랑'이라는 프로그램을 운영했다. 사람들이 모이는 것이 불가능해서 교육, 공연, 영화상영 등이 어려워지자 주민들이 동영상을 찍어 채널에 올리면 이를 심사해서 작은 상을 주는 것이었다. 가족이 모여 합주를 하고 아이들은 싱거운 장기자랑을 했으며 왕성한 활동을 하던 중창단은 힐링송을 각자 불러 편집한 동영상을 보냈고 동네 고등학생은 여자 친구가 없는 것도 코로나 때문이라는 자작곡 동영상을 올렸다. 그렇게 우리 동네는 서로의 안부를 확인하고 응원했다.

코로나 19가 조금 잠잠해지자 동네에 있는 미디어센터와 시장의 상인회가 '느닷없는 영화제'를 열었다. 그동안 서로 만나지 못했으니 영화를 보며 서로 위로하자는 행사로 미디어

센터는 영화를 상영하고 상인회는 술과 안주를 준비했다. 동네 주민들이 모였으나 영화를 보는 사람들은 정작 많지 않았다. 삼삼오오 모여 얼굴을 마주하며 이야기꽃을 피웠다. 사람은 언택트Untact로 살 수 없는가 보다. 그러면 어떤 사람들과 부대끼며 살아야 할까.

아무런 연고도 없는 고산이라는 조그만 시골 동네에 산 지 10년이 되었다. 처음에는 아이들이 고등학교를 졸업할 때까지만 살아보자고 했다. 막내는 전주의 학교를 자퇴하고 동네로 돌아와 '자전거 탈 때 바람이 달라'라고 말한다. 얼마 전 집사람은 도시와 냄새가 다르다면서 '그냥 고산에 살까 봐'라고 말한다. 대둔산 자락에 만경강을 끼고 있어 자연이 좋은 곳이기는 하다. 하지만 내가 고산을 좋아하는 이유는 다른 데에 있다.

농촌의 창고를 빌려 공유하는 사무실과 카페, 게스트 하우스 등을 만들어 청년들이 활동할 수 있게 한다는 사업에 자문을 하러 갔다. 계획을 만든 전문가는 대도시 어딘가에 어울릴만한 공간과 디자인을 선보이며 청년들이 여기에 디자인 회사를 만들면 글로벌한 회사가 될 수도 있다고 이야기한다. 청년들은 글로벌 회사를 만들려고 농촌으로 온 것일까. 도시 흉내를 내면 읍내와 멀리 떨어진 그곳까지 청년들은 모여들까.

서울에서 청년들을 농촌으로 보냈다. 돈이 될만한 것을 찾는다. 돈이 될만한 것이 있다면 무언가를 만들어내고 팔 수 있는 능력이 있는 줄 알았다. 대부분은 그걸 매개로 지원받을 수 있는 정부지원금을 찾아냈다. 지역은 그들에게 언제든지 제공해줄 수 있는 자원만 있는 곳이었다. 무언가 말하고 싶지만 '꼰대'소리를 들을 것 같아 참았다. 이 책을 농촌과 지역에 관심이 있는 청년들이 읽었으면 좋겠다.

산골 동네에 있는 할아버지들이 풍물 사업단을 만들었다. 방과후 학교 강사도 하고 이웃 동네의 잔치에 나가 번 돈으로 전문강사를 부르고 연습할 때 막걸리를 드신다. 그렇게 쓰고 남은 돈을 모아 함께 여행을 가기도 한다. 담당 공무원은 4대 보험금을 내는 일자리를 만들지 못했다며 실패한 사업단으로 분류했다. 나는 이 사업단을 전통문화를 지키고 할아버지들의 건강을 유지하는 사회공헌형이라고 우겼다. 사람은 돈 버는 일만 하고 살 수 없다.

'농촌에 일자리가 많아야 도시 사람들이 찾아옵니다'라고 말하니 공무원이 대뜸 '우리 지역에는 식품기업이 많아요. 도시민이 일자리를 원하면 식품기업에 이야기해서 일자리를 알선해드리겠습니다'라고 말한다. 도시에 일자리가 충분하지 않아도 농촌보다는 더 많을 것이다. 그래 내가 말을 잘못했지, 일자리가 아니라 일이라고 말했어야 했다. 이 책을 농촌과 지역에서 일하는 공무원들이 읽었으면 좋겠다.

청년 농부를 지원한다면서 현금을 준다. 한 전문가는 청년 귀농인이 많아진 이유가 이 정책 때문이란다. 현금을 지원받은 청년들이 농촌에 살면서 자본주의에 익숙한 소비자가 될 것 같아 혼자 걱정을 했다. 지원금으로 외제 자동차를 사고 고급 미장원에 다녔다는 신문기사가 눈에 들어온다. 통계자료를 뒤져 계산을 해보니 그 돈을 받아도 농사를 지어 생계를 유지하려면 땅을 사는데 2억 원 즈음은 투자해야 한다. 농촌에 들어오려는 청년들에게 과연 도움이 되는 것일까?

쌀 소비를 늘리기 위해 개최한 전통주 토론회에서 농촌에서 다양한 술을 만들 수 있도록 주세법을 고쳐야 한다는 이야기가 오고 간다. 그때 고위공직자가 된 전문가가 말한다. '그렇게 해서 어떻게 막걸리를 세계화할 수 있나, 식품 대기업을 지원해야지' 그 이후로 생산적인 토론은 이루어지지 않았다. 이 책을 농촌과 지역을 연구하는 전문가들이 읽었으면 좋겠다.

무엇보다도 인생 2막을 준비하는 우리 세대가 읽었으면 좋겠다. 1990년대 시작된 귀농운동은 농업을 살리기 위한 시민사회의 교육책이었다. IMF를 겪으며 귀농운동은 더 단단해졌지만, 이 흐름을 정부가 정책적으로 지원하면서 바람직한 농업의 미래는 더 멀어진 듯하다. 공간만 시골로 이동했을 뿐 노동을 존중하고 이웃, 자연과 함께 하는 귀농을 도시에서의 삶과 크게 다르지 않게 상상하고 있다. 그사이 어지간한 자금이 없으면 농사도 짓지 못하게 자본주의가 농촌을 포섭해버렸다. 노후 생활의 대안이었던 귀농은 이제 없다. 우리 세대가 이제까지 집 하나 장만하기 위해, 자식새끼 잘 되는 것을 보기 위해 살았다면 지금부터는 철저하게 자신을 위해 살았으면 한다. 다만 행복한 노후 생활을 위해서는 본능, 그리고 이웃과 친구가 필수적이라는 것을 잊지 않았으면 좋겠다.

서울이나 대도시에만 살아서 시골이나 지역사회를 알고

싶다는 분들은 <1장 '귀향'을 다시 생각한다>부터 시작하면 되겠다. 퍼머컬처가 궁금하신 분들은 1장의 끝부분을 읽고 <2장 귀향, 퍼머컬처의 원리로 시작하자>를 꼼꼼하게 읽으면 좋겠다. <3장 이제 귀향을 디자인하자>는 시골이나 지역으로 이주하거나 삶을 전환하는 구체적인 계획이 없는 분들에게는 필요 없는 내용처럼 보이지만, 미래를 상상하면서 읽고 따라가다 보면 얻어지는 것이 있지 않을까 싶다.

내가 일하는 곳은 시골 읍내의 조그만 초등학교 옆에 있다. 우리 동네는 확진자가 없었지만, 코로나19로 아이들은 학교에 오지 못했다. 하지만 오전 적당한 시간이 되면 마스크를 쓴 아이들이 부모와 함께 학교 놀이터에 나왔다. 아이들이 재잘거리고 그네가 삐걱대는 소리가 들리면 창밖의 풍경을 보

곤 했다. 아이들과 부모들의 표정이 그렇게 평온하고 행복할
수 없었다. 코로나19가 잠잠해져 늦은 개학과 함께 아이들은
학교에 왔지만, 더는 그 평화로운 풍경을 볼 수 없었다. 감염
병 사태 이전이 정상이었는지, 그 중간이 정상이었는지, 그 이
후가 정상이었는지 잘 모르겠다.

　　코로나19가 한창 기승을 부릴 때, 학교에 가지 않는 아이
들의 먹거리가 부모에게는 부담이었다. 학교급식 예산으로
꾸러미를 만들어 공급한다고 했으나 조리가 어려운 가정은
곤란해했다. 우리 동네 학부모들이 모여 군청과 교육청을 찾
아다녔다. 그러자 지역의 협동조합, 로컬푸드 농가가 농산물
과 현금을 기부하고 공공급식센터가 배송, 시니어클럽이 조
리, 학부모회가 배달을 맡아 각 가정에 반찬을 전달했다. 대도

시에서는 불가능한 일이었다.

감염병 사태로 무엇이 정상인지 모호하지만, 우리 동네가 그 정상을 빨리 찾아가리라는 것은 분명하다. 이제 내가 고산을 좋아하고 여기에 살려고 하는 이유를 알아 챘으리라.

2020년 '소일'에서 펴낸 『이제, 시골』이 절판되어 부제였던 '퍼머컬처로 귀향을 디자인하다'를 제목으로 다시 출간하게 되었다. 첫 번째, 두 번째 출간 모두 애써주신 소일의 김현경, 최세연님께 감사드린다. 지난 여름 풍수해에도 불구하고 출판에 애써주신 도서출판 비공의 배용하 대표님께 특히 감사를 표한다. 최근 다른 일을 시작해 완주를 떠나 있어 고산에 있는 친구들, 선후배님들에게 머릿글을 통해 인사를 전한다. '잘 살고 있어요. ~', '가끔 고산도 가요 ~.' 시골에서 자랐지만,

아빠의 기대 이상으로 건강한 성인이 된 아이들과 그 중심에 있는 아내에게 이 책을 바친다.

고산의 남쪽 봉우리 아래 작은 방에서.

||| 차 례 |||

3부. 이제 귀향을 디자인하자

1 '귀향'을 다시 생각하자

시골에 간다 하면 흔히 농사짓는 것을 생각할 것이다. 역사 이래로 농촌에 농민만 살았던 것도 아니고 농사만 짓는 농부도 없었다. 그래서 시골에 간다고 꼭 농사를 지어야 하는 것은 아니다. 농촌인구를 늘리고자 하는 정책은 농사를 생업으로 하는 귀농과 농촌에서 전원생활을 하거나 다른 일을 하는 귀촌을 구별하는데 현실에서는 그 차이가 애매해서 '귀향(歸鄕)'이라는 단어를 소환하려고 한다. 한자의 향(鄕)에는 시골, 마을, 고향, 태어난 곳의 의미가 있어 귀향은 태어났던 마을이나 지역으로 돌아가는 것을 말하지만 그 의미를 확장하여 태어나고 살았던 곳이 아니더라도 새로운 삶을 시작하는 것을 '귀향'이라 하고자 한다. 오히려 '새로운 삶'에 그 초점이 있다. 에둘러 말하자면 귀향은 '마음의 고향'으로 돌아가는 것이라 할 수 있다. 그런데 귀향하려면, 다시 말해 마음의 고향을 찾아 새로운 삶을 시작하려면 디자인이 필요하다.

로컬리티와 반농반X

최근 로컬local이 주목받고 있다. 그래서 로컬 비즈니스 Local Business니, 로컬 크리에이터Local Creater니 하는 이야기에 청년들이 관심을 가지고 도전하고 있다. 산업화, 도시화 과정에서 국가 전체의 성장에 동원만 하고 무시했던 지역의 자원과 지역사회의 가능성을 돌아보고 있다는 점에서 긍정적인 일이다. 하지만 여전히 지역의 자원을 단순하게 활용하거나 지역 문화와 전통의 이미지를 마케팅에 쓰는 방식으로 '지역'을 소모하는 경향이 있어 우려가 된다. 그래서 로컬보다 조금 복잡한 의미를 담은 로컬리티Locality라는 단어를 찾아냈다. 로컬리티의 사전적 정의는 그저 '인근'이라는 뜻이다. 하지만 인문학자들은 이 단어를 보다 섬세하게 접근하고 있다. 로컬리티를 "삶터로서 공간과 거기에 사는 사람들의 경험을 통해 만들어가는 다양한 관계성의 총체"로 정의하고 있다. 우리가 고향, 시골, 마을을 생각하면 생겨나는 감성이 이 로컬리티와 연관이 있는 것 같다. 최근 드라마가 이러한 감성을 잘 활용하는데 '응답하라' 시리즈와 '동백꽃 필 무렵'이 그러하다. '동백꽃 필 무렵'에 이런 대사가 있다.

"어디 가면 솜털같은 사람들이 나긋나긋 반갑게 대해 준다디? 사람 사는 데가 다 고되고 따굽지."

용식이 엄마, 곽덕순이 동백이에게 하는 말인데 어디 가도 이런 곳이 없다고 반어적으로 표현하고 있다.

"근데 그 동네 되게 이상하거든. 무슨 씨족 사회? 그런 것처럼 온 동네가 이상해. 밥때가 되면 그냥 아무 집에나 들어가면 돼. 그럼 가타부타 말도 없이 그냥 숟가락 하나 더 놔줘. 그게 되게 당연한 동네거든, 온 동네가 무슨 가족 같아. 막 친절하지는 않는데 뭔가 되게 뜨뜻해."

동백이 전 남친 지석의 대사가 직접적이기는 하지만 로컬리티의 관계성을 잘 표현하고 있다.

귀향의 '향'을 달리 해석하면 이런 로컬리티가 남아있는 곳이다. 태어났던 곳이 아니더라도 로컬리티가 살아 있는 지역에서 새로운 삶을 살아보자는 뜻을 귀향이 담고 있다. 그래서 귀향디자인은 농촌과 도시를 구별하지 않는다. 로컬리티가 남아있다면, 로컬리티에 기대 새로운 삶을 찾을 수 있다면 대도시의 골목길에서, 아파트 단지에서도 귀향은 가능하다.[1]

그래서 귀향디자인은 사는 공간이 아니라 사는 방식을 바꾸는 것에 초점을 맞춘다. 하지만 새로운 삶을 지탱하는 방법으로 농사의 역할이 크기 때문에 귀향디자인은 농사를 중심으로 두고 다른 일을 연결하고 계획한다. 농사를 짓기 어렵더라도 베란다, 옥상, 자투리, 작은 텃밭에서 작물을 키우기를

---

1. '대도시 서울에도 로컬이 있다'는 말을 이해할 필요가 있다. 로컬이라 하면 서울을 상징하는 중앙이나 대도시의 상대적인 개념으로 받아들인다. 나는 로컬을 국토계획이나 행정구역으로 구별할 수 있는 것이 아니라 특정 공간에 사는 사람들의 삶의 태도, 생활방식, 문화적 공감, 사회적 관계, 경제적 연결성 등이 획일화되어 있지 않고 상호 의존적으로 진화할 수 있는 곳이라 생각하고 있다. 그래서 로컬이 아닌 로컬리티를 애써 강조한다.

권한다. 이를 통해 귀향디자인의 지침으로 삼고 있는 퍼머컬처2를 더 잘 이해할 수 있을 것이고 퍼머컬처를 농사 아닌 일에도 적용해 지속 가능하고 행복한 삶을 확장해나갈 수 있을 것이다.

농사를 중심으로 새로운 삶을 꿈꾸는 사람도 농사에만 의존하지 않았으면 한다. 딸기가 유명한 논산시는 귀농하려는 사람들에게 딸기 농사를 지으라 권장한다. 딸기가 주요 특산물이어서 논산시에는 딸기 농가를 위한 지원과 재배기술과 관련한 교육이 다양하고 딸기재배와 관련된 기자재를 구하기도 쉬우며 농협 등 수확한 딸기를 팔 수 있는 곳도 많아 딸기 농사가 유리한 건 사실이다. 딸기 농사를 짓는 200평 내외의 비닐하우스 한 동의 딸기 매출액은 약 2,000만원 내외로 알려져 있다. 간단하게 계산해서 1,000여평의 농지를 구매하고 하우스 5개 동을 지으면 연간 매출 1억원, 적어도 절반이 남는다면 연 5천만원을 버는 농민이 될 수 있다. 실제로 그만큼 번다. 그런데 딸기를 출하하는 초겨울부터 늦봄까지 부부

2. 퍼머컬처는 43쪽 '퍼머컬처'에 자세히 설명하고 있다.

의 합산 노동시간은 하루 30시간이 넘는다. 이렇게 일 년 농사를 지으면 집안과 아이들이 엉망이 된다. 이대로는 버티기 어렵다고 판단되면 부인은 식당에 나가 일을 하며 집안일을 돌보고 남편은 시작한 농사를 접을 수 없어 외국인 근로자를 고용한다. 임금을 지출하니 농사수익은 줄어도 부인의 월급이 이를 메운다. 이 부부가 원하지 않는 강도 높은 노동과 자신의 시간을 얽매는 농장 경영방식에서 탈출하기란 쉽지 않다. 처음 시작을 잘해야 한다. 귀향디자인은 이런 어긋난 진입을 막아 줄 것이다. 그래서 귀향디자인은 시골로 내려가 일의 반은 농사로, 나머지 반은 좋아하는 일 혹은 사회에 보탬이 되는 일을 하자는 시오미 나오키의 「반농반X의 삶」[3]과 맞닿아 있다.

3. 『반농반X의 삶』 (더숲, 2015)

반농반X와 본능

내가 사는 완주에 청년들이 많이 찾아왔다. 그들에게 농사는 수천 년 역사를 가지고 있고 누구든 먹고살아야 하니 절대 없어지지 않을 것이다.[4] 농사와 관련된 일을 찾아내면 잘릴 걱정 없이 평생 일할 수 있으니 도시에 있는 친구들보다 농촌으로 온 것이 훨씬 현명한 선택이라 말했다.

그렇게 그들에게 용기와 희망을 주고 싶었다. 하지만 어느 날 인터넷 동영상을 보니 인공지능과 로봇이 농사를 짓고 있는 게 아닌가! 이제 농부도 없어지겠구나. 눈앞이 깜깜했다. 농촌을 찾아오는 청년들에게 이제 무어라고 해야 할지, 나는 나이가 더 들면 무엇을 해야 할지 한동안 우울과 혼란에 빠졌다. 그런데 이러한 기술의 발전은 농업뿐 아니라 전 분야에

---

4. 프랭클린 히람 킹, 『4천년의 농부』 (들녘, 2006)

영향을 미칠 것이었다. 인공지능 자동차는 운전기사만 없애는 것이 아니라 사고가 없어 정비소와 보험사를 없애고 자동차를 공유하니 자동차 공장도 문을 닫을 거란다.

그런저런 생각과 불안 속에 있을 때 김성원을 만났다. 그는 장흥으로 귀농하여 자신의 집과 인근에 귀농한 이웃의 집을 지으며 생태건축을 연구하고 생태건축 교육 프로그램을 운영한 적이 있다. 지금은 화덕만들기, 베틀 직조, 놀이터 만들기, 흙미장, 대장간 등 손으로 하는 모든 것에 관심을 가지고 연구하고 실천하는 특이한 친구이다.[5] 김성원은 자신의 집 짓기 강좌를 수강한 사람 중에 집을 지은 사람이 얼마나 될까를 재미 삼아 나에게 물어봤다. 내 생각과 달리 턱없이 적은 단 2%였다고 한다.

그런데 98% 중에는 집을 지을 생각도 없고 계획도 없고 돈도 없는데 그냥 배우고 싶었다는 사람이 있었다고 한다. 김성원은 그 이유를 '건축본능'이라 했다. 인류가 생겨난 이래로

---

5. '생활기술과 놀이멋짓연구소'를 운영하고 있으며 『점화본능을 일깨우는 화덕의 귀환』(2011), 『시골, 돈보다 기술』(2017), 『마을이 함께 만드는 모험 놀이터』(2018)의 저자이기도 하다.

자신과 가족들을 위해 무언가를 짓고 만들었던 경험이 유전자 속에 축적되어 있다는 것이다. 그래서 그 일을 할 때 가장 즐겁고 행복하다는 것이다. 그 본능이 하도 강해 집 지을 계획이 없지만 배우러 왔다는 말이다. 우리에게는 본능이 있다. 경작본능, 매연이 심한 자투리땅에, 오고 가는 기름값이 더 비싼 주말농장에 고춧대를 꽂는 이유가 있었다. 목축본능, 그 좁은 아파트에서 대소변과 날리는 털에도 강아지를 키우는 이유가 있었다. 요리본능, 공작본능, 노래하는 본능, 춤추는 본능. 본능이 하는 일은 아마도 인공지능과 로봇이 대체하지 못할 것이다.

요리를 하는 3D프린터가 있다고 한다. 이 프린터가 만든 일정한 맛의 돈가스와 사람이 만들어 맛이 똑같지 않은 돈가스가 같은 가격이라면 나는 사람이 만든 돈가스를 먹을 것이다. 아니 더 비싸도 먹는다. 유사한 현상은 이미 일어나고 있다. 더 싸고 맛있고 다양한 빵을 만드는 프랜차이즈 빵집이 생기면서 동네의 영세한 빵집은 문을 닫을 거라 했지만 지금은 식빵만 만들고 케이크만 만들고 마카롱만 만드는 작은 빵집이 동네마다 생기고 있다. 인공지능과 로봇이 일하는 세상이 되면 오히려 본능이 만들어 낸 것은 구별되고 더 존중받게 될 것이다. 그렇게 앞으로 많은 노동을 로봇과 인공지능이 대체하더라도 사람들은 일할 것이고 우리의 삶도 소중하게 유지될 것이다.

귀농귀촌과 관련된 강의에서 다른 어떤 일보다 농사일이 즐거워 온종일 할 수 있고 농사를 짓고 싶어 안달이 난 사람이 있느냐 물어본다. 아주 간혹 손을 드는 사람이 있기는 하지만 대부분은 고개를 젓는다. 아무리 재미있는 일도 돈을 버는 일이 되면 고되고 지겨워진다. 시골에선 적은 돈으로 살 수 있을 테니까, 농사도 큰돈을 벌 수 있다고 하니까, 내 맘대로 일해도 되니까, 조직 생활을 하지 않아도 될 것 같아서 등등으로 귀농을 결심한다. 대부분은 오해와 편견, 일부 귀농인의 제한된 사례에서 비롯된 이야기이다. 돈을 중심으로 농사를 생각하면 답이 별로 없다. 생활공간과 하는 일이 바뀌었을 뿐 쳇바퀴 돌기는 마찬가지이다. 지금의 농사는 자본주의에 자유로울 수 없기 때문이다. 새로운 삶을 위해 사는 곳도, 사는 방식도, 하는 일도 바꾸기로 한 것이라면 좀 더 근본적으로 접근하자. 이왕 설국열차에서 뛰어내릴 거라면 종일 해도 지겹지 않은, 죽기 직전까지도 할 수 있을 것 같은, 연장이나 도구를 잡았을 때 짜릿한 그런 일을 찾아보자. 그 일을 찾기 위해 본능에 귀를 기울여야 한다. 내 가슴의 소리를 들어야 한다. 그 소리를 찾아 귀향해야 한다. 반농반X의 X는 본능과 연관되어야한다.

반농반X와 돈

반농반X는 환경주의자나 사회개혁자한테나 필요한 일이지, 돈을 벌어야 하니 경제적으로 적합하지 않다고 섣부르게 판단하지는 말자. 2014년 농업·농촌 분야에서 일하는 몇 사람이 모여 '생생 협동조합'을 만든 적이 있다.[6]

이 단체는 대도시에 집중된 인구를 농촌을 비롯한 중소 도시로 이주하는 것을 지원하고자 하였다. 특별한 것은 기초 지자체끼리 협약을 맺고 공동정책을 추진하는 방식이었다. 예를 들어 서울시의 A구청과 경상남도의 B군이 협약을 맺고 서울시 A구의 주민이 이주를 원하면 경상남도의 B군에 우선

---

6. 생생협동조합의 이름 생생은 '생생지락(生生之樂)'에서 빌려왔다. 『서경(書經)』에 나온 말인데 중국 고대 상나라의 군주 반경(盤庚)이 "만민이 생업에 종사해 즐겁게 살아가도록 만들지 않으면 내가 죽어서 꾸짖음을 들을 것"이라는 말에서 유래했다고 한다. 이 말을 세종대왕이 즐겨 썼다고 한다.

소개하고 두 지방정부가 함께 이주 전후의 교육사업을 추진하면서 일자리, 주거와 관련된 지원을 하는 것이었다. 인구를 줄이는 정책을 도시의 지자체가 할 수 없을 거라는 반대도 있었지만, 시민들의 욕구와 희망을 해결하는 것이 지방정부의 역할이고 두 지역이 긴밀히 협력하면 도시지역의 해결하기 어려운 여러 문제도 해결할 수 있을 거라는 생각이었다. 예를 들어 농촌이 저렴한 주택을 제공하면 이주하여 비게 된 도시 주택을 청년을 비롯한 취약계층을 위한 저렴한 주택으로 개조해 사용할 수 있다. 유사하게 이주로 인해 빈 일자리도 다른 주민의 일자리로 전환할 수 있다. 더 나아가 협약을 맺은 지자체가 공공급식 시스템과 로컬푸드 직매장 등을 함께 만들면 도시민에게 건강한 먹거리를 공급할 수 있고 농촌에서의 여가활동도 지원할 수 있을 것이다.

그 당시 이런 일이 왜 필요한지, 어떻게 해야 하는지 이런저런 토론회에 나가 설명하고 지자체의 협력을 구했는데 다행스럽게도 경기도 시흥시가 호응해주어 몇 가지 연구와 시범 프로그램을 진행하였다. 시흥시가 지원한 연구 분야의 하나가 재무분야였는데 이주자금과 이주 후에 필요한 비용을 어떻게 해결할 수 있을까 하는 것이었다. 이 연구는 서민의 재무상담을 지원하는 '에듀머니'라는 사회적기업이 맡았다. 에듀머니는 기초적인 연구에 이어 귀향하려는 시흥시의 한 가족을 심층 면담해 안정적인 재무 시나리오를 제시했다. 이 가족은 특이하게도 55세의 중년 여성이 귀농을 원했는데 남편은 경제적 불확실성 때문에 시골살이에 대해 부정적이었다. 2억 5천만 원 정도의 아파트와 1억 6천만 원의 금융자산을 보유하고 있고 월소득 370여만 원, 월지출 250여만 원이었으며 두 자녀는 독립했으나 장애가 있는 한 자녀를 부양하는 상황이었다. 에듀머니는 이 가족의 자산상태, 현금흐름 분석, 생애설계와 재무목표를 분석해 시골살이에 대한 세 가지 시나리오를 구성했는데 아래와 같았다.

시나리오 1

- 도시주택을 보유, 농촌주택을 임대하며 비농업분야의 취업하고 농사는 겸업하고 3명의 가족 모두 이주.

▶▶ 도시주택의 임대수익이 발생하고 소득의 안정성의 높으나 남편을 설득해야 하는 문제가 발생.

시나리오 2

• 도시주택을 처분, 농촌주택과 토지를 구입하며 농사를 전업으로 하고 3명의 가족이 모두 이주.

▶▶ 소득이 불안정하고 농촌자산의 미래가치도 불투명하며 남편을 설득해야 하는 문제 발생.

시나리오 3

• 현재 도시주택을 임대한 후 소형 임대주택에서 남편과 아이가 생활하고 부인은 최소한의 농촌자산만 취득하여 이주, 비농업 분야에 취업하고 농사는 겸업.

▶▶ 두집 살림을 해야 하지만 도시주택에서의 임대수익이 발생하고 소득의 안정성도 도모.

에듀머니는 재무적 측면에서 비농업 분야 취업이 바람

직하며 도시자산을 처분하지 않고 임대수익을 얻는 것이 안정적이라 분석하였다. 그래서 남편이 설득된다면 사나리오 1번을 선택하되 설득이 어렵다면 시나리오 3번을 선택하였다가 여건에 맞추어 남편도 이주하거나 농사를 시작하는 것을 제안하였다. 당연한 이야기이지만 해보지도 않았고 불확실성이 많은 농사에 의존해 새로운 삶을 계획하는 것은 바람직하지 않다. 이렇듯 반농반X는 재무적인 측면에서 다양하고 유용한 대안을 가능하게 해준다. 전업 농부를 꿈꾸는 사람일지라도 우선 농사와 함께 X를 병행하는 것이 좋다. 농사의 자신이 생기면 점차 X의 비율을 점점 줄이면 된다.

다운시프트와 귀향디자인

　　귀향을 위해서는 다운시프트Down Shift가 필요하다. 다운시프트는 사전적으로 자동차의 기어를 고단에서 저단으로 바꾸어 속도를 줄이는 것을 말하지만 삶에서 다운시프트는 삶의 속도를 낮추는 것으로 바쁜 일에 매달려 자신과 주변을 돌아보지 않는 삶에서 자신에게 충실하고 가족과 사회를 배려하는 삶으로 전환하는 것을 의미한다. 물리적으로 느린 삶은 존재하지 않는다. 시간은 똑같이 흐르기 때문이다. 그런데 빠르다며 느리게 살자고 하는 이유는 무엇일까. 우리가 왜 이렇게 바쁘게 사는 것일까. 다운시프트를 주장하는 금융전문가 최승우는 '돈 문제'에 얽매여 살기 때문이라 주장한다.[7]

　　돈으로부터 ① 억압받고 ② 제한받거나 더 나아가 ③ 통

---

7. 『다운시프트 : 100세 시대 행복을 부르는 마법의 주문』, 최승우, 용오름, 2019

제받고 ④ 강요받거나 실패하면 ⑤ 손해를 입고 있다는 것이다. 그는 돈에 대한 욕망을 조절하라 말한다. 돈은 무조건 많이 벌어야 하는 것이 아니니 목표를 설정해 돈에 대한 강박을 버릴 필요가 있다는 것이다. 그래서 귀향디자인은 '돈'을 버는 목표를 현실적이고 소박하게 설정하는 것에 초점을 맞춘다. 현재의 자산상태를 점검하고 자산의 미래가치를 위해 투자를 하는 것은 이른바 '재무컨설팅'이라는 전문적인 영역에 속한다. 귀향디자인은 이 영역은 다루지 않는다. 돈에 대해 다양하고 유연하게 생각하면서 그 목표를 정하는 방법을 안내한다. 즉, 돈을 덜 쓰는 방법과 적정하게 돈을 버는 방법을 디자인한다. 앞서 이야기대로 새로운 삶은 본능을 찾는 것에서 시작한다. 반농반X의 X로 일정 수준의 돈을 벌어야 하지만 그 일이 돈만 버는 일이 되지 않아야 한다. 한번 시작하면 시간 가는 줄 모르고 하는 일, 누군가 쉬라고 해도 조금 더 마무리하고 싶은 생각이 드는 일, 몇 분이라도 빨리 시작하고 싶어서 종종걸음을 치게 만드는 일, 일하기 위한 어떤 공간의 문을 열 때 가슴이 뛰는 일, 그런 일을 찾아야 한다. 어쩌면 우리는 이제까지 본능을 억제하는 방법을 배웠고 본능을 억제하며 살았기 때문에 본능을 찾는 일이 쉽지 않다. 그래서 어렴풋한 본능의 기억을 소환하여 그 흔적을 추적할 것이다. 이를 통해 'X'를 디자인한다.

다음은 '농'이다. 가장 우려하는 것은 농사를 지나치게 중요하게 여기고 전적으로 의존하는 것이다.[8] 소박한 재무적 목표를 설정하고 본능을 찾아내 그 본능이 'X'로서 재무적 목표에 대한 적절한 역할이 가늠되면 그 나머지를 충족할 수 있는 적정한 규모로 농사를 디자인하면 된다.

그래서 귀향디자인은 ① 본능 찾기 ② 다운시프트 디자인 ③ X의 디자인 ④ 농의 디자인으로 이루어져 있다.

그리고 구체적인 귀향디자인에 들어가기 전에 퍼머컬처를 이해하고 그 원리를 익히게 될 것이다.

---

8. 이 말을 싫어하는 사람이 있을 수 있다. 농사는 중요하다. 그래서 큰 규모의 농사를 짓는 자본주의적인 한 명의 농부보다 작은 농사를 짓는 사회적인 농부 100명이 더 필요하다고 생각한다.

퍼머컬처

퍼머컬처Permaculture는 영구적Permanent이라는 말과 농업 Agriculture의 합성어인데 지속 가능한 생산과 생활을 지탱하는 기반과 환경을 만들기 위한 디자인 체계이다. 하지만 단순한 기술이나 방법을 넘어 지속 가능한 농업과 토지이용에 대한 윤리가 뒷받침되지 않는 문명은 유지될 수 없다는 철학에 그 바탕을 두고 있다. 퍼머컬처는 새로운 분야의 학문이 아니며, 따라서 새로운 이론을 가지고 있지 않다. 기존의 학문, 예를 들면 토양학, 재배학, 식물학, 동물학에서부터 시작하여 조경, 건축, 심지어 사회학, 심리학, 경제학의 이론과 원리를 적용하여 작게는 지속 가능한 농장, 지속 가능한 마을, 크게는 지속 가능한 지역을 계획, 설계하고 그 속에서 살아가는 방법을 제공한다.

퍼머컬처의 첫 번째 키워드는 관계이다. 집을 잘 계획하는 사람은 건축가이고 농사를 잘 짓는 사람은 농부이다. 퍼머컬처가 집을 만드는 방법과 농사짓는 방법을 제시하지만 초점을 맞추고 있는 것은 건축과 농사 그 자체보다는 집과 농사와의 관계이다. 집과 밭을 잘 연결하면 더 쉽고 경제적이고 생태적인 집짓기와 지속 가능한 농사를 가능하게 만든다. 지붕으로 떨어지는 빗물은 건축가에게는 버려야 할 물이어서 우수관과 연결할 것이고 농부는 물이 필요해 전기 펌프를 가동해 지하수를 텃밭에 공급할 것이다. 그런데 집과 텃밭을 연결하면 지붕으로 떨어지는 빗물은 텃밭에서 사용할 수 있는 소중한 물로 변신한다.

퍼머컬처의 두 번째 키워드는 '실제적'이라는 것이다. 퍼머컬처는 아파트의 작은 베란다에서부터 상업적인 농장까지, 거대한 도시부터 야생초지까지 지속 가능성을 만드는 실제적인 것에 관심이 있다. 토양학에 의하면 퇴비를 만드는 적절한 습도는 50~65%이지만 이 숫자는 시험을 볼 때 필요하기는 해도 실제 퇴비를 만들 때 아무런 소용이 없다. 퍼머컬처는 퇴비 더미를 손바닥에 놓고 살짝 주먹을 쥐었을 때 물이 한 두 방울 떨어지면 적당하다고 알려준다. 그렇게 퍼머컬처는 전문적 지식을 공부하지 않은 사람들도 많은 것을 '실제적'으로 활용할 수 있도록 정리했다. 이 실제적인 것은 토양, 에너지, 물, 식량과 같이 우리 삶을 지탱해주는 물리적인 것뿐 아니라 경영과 재정, 이웃과의 관계, 지역사회의 서비스 등의 비물리적인 것까지 포함한다.

퍼머컬처는 사람살림에서 이웃살림으로, 이웃살림에서 지구살림으로 확장하는 가치관을 가지고 있다. 이 가치관은 퍼머컬처를 실행하면서 무언가를 선택해야 할 때 의사결정을 하는 길잡이가 될 수 있다. 즉 내가 하는 일, 내가 만드는 것이 나를 비롯한 사람을 살리고 이웃을 살리고 지구를 살리는 것인지 점검해야 하며 더 나아가 이 세 가지를 동시에 충족하고 있는지 살펴보아야 한다. 즉 '나의 행동이 지구를 사랑하고 사람을 사랑하며, 서로 공동체적으로 나누고 있는지' 다시 생각해야 한다.

사람살림 (People Care)

· 건강과 행복, 좋은 먹을거리로 영양 섭취, 올바른 살림과 의미 있는 일, 적절한 교육, 개방된 공동체의 존재, 공동체에 대한 소속감, 신뢰와 존중.

이웃살림 (Fare Shares)

· 다양한 모임과 조직, 자원과 부의 분배, 불필요한 소비의 감소, 신뢰와 존중, 수요와 필요에 대한 공동체적 대응, 나눔과 배려, 다양한 협동조합의 구성, 사회적 관계의 다양성.

지구살림 (Earth Care)

· 깨끗한 공기와 물, 산림과 서식지의 복원과 보전, 생물 다양성의 증진, 토양의 회복과 보전, 폐기물의 재활용, 공해의 감소, 에너지 보전, 이를 증진하기 위한 적절한 기술.

퍼머컬처를 적용할 수 있는 대상은 다양하지만, 궁극적인 목적은 지속 가능성이다. 아래와 같이 목적에 따라 적

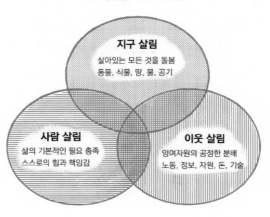

● 퍼머컬처의 가치관

지구 살림
살아있는 모든 것을 돌봄
동물, 식물, 땅, 물, 공기

사람 살림
삶의 기본적인 필요 충족
스스로의 힘과 책임감

이웃 살림
잉여자원의 공정한 분배
노동, 정보, 자원, 돈, 기술

퍼머컬처는 사람을 살리고 이웃을 살리고 지구를 살리는 가치를 가지고 있다. 이 세 가지는 동시에 충족되어야 한다.

절한 목표를 설정하여 실천할 수 있다.

안전한 먹거리

· 스스로 생산한 먹거리로 자급, 나머지는 로컬푸드 활용

· 복합적 문화의 산물로서 다양한 먹거리 문제에 접근

· 안전한 먹거리를 생산할 수 있는 건강한 토양과 지속적 공급이 가능한 토종 종자의 사용

· 환경과 건강을 해치는 화학제품 사용을 줄이는 유기농산물
  의 섭취
· 독립적이고 생태적인 농장을 후원하는 방식으로 먹거리를
  해결 도시텃밭, 도시농업, 공동체 텃밭, 생산자 직판장, 협동조합 등
· 단순히 맛있는 것이 아니라 영양의 균형을 회복하는 먹거리
  장려

토양개선

· 작물, 먹거리, 사람을 연결해주는 기반인 토양자원을 건강
  하게 관리
· 퇴비, 녹비, 뿌리 덮개, 자연비료 등의 다양한 방법으로 토양
  의 유기성을 함양
· 땅의 쇠락을 피하기 위한 경작법과 토지이용 방법
· 토양을 오염시켜 자원으로 사용할 수 없도록 만드는 행위의
  금지
· 쇠락한 땅은 지속 가능한 방법으로 복원

쓰레기 관리

· 쓰레기는 버리는 것이 아니라 자원이라는 인식과 실천

· 생활양식, 소비유형을 폐기물이 덜 배출되는 방식으로 전환

· 재활용을 통한 배출량 감소를 통해 환경오염도 감소

· 자연의 자정능력으로 분해될 수 있는 재료의 사용

· 자연에너지와 지역자원을 활용하여 폐기물을 감소

깨끗한 물

· 깨끗한 물은 건강한 토양, 안전한 농산물, 건강한 생활의 기
  본요소

· 물의 이용과정을 물의 순환과정에 순응

· 빗물은 지구 곳곳을 돌아다니고 내 땅에 떨어진 소중한 물이
  라는 인식

· 빗물은 모아서 쓰고 쓴 물을 정화하여 다시 재이용

· 꼭 버려야 한다면 토양에 흘려 토양 속에서 정화하고 지하수
  를 함양하여 다른 사람이 이용할 수 있도록 배려

주거와 주거지

· 건물을 계획하고 조성할 때 에너지 효율을 고려, 태양을 최
  대한 활용
· 재생 가능한 에너지와 재료를 사용
· 건물을 해체하더라도 자연으로 돌아갈 수 있는 재료의 사용
· 해로운 화학약품이 실내공기를 오염하지 않는 재료의 사용
· 지역 생물군집의 흐름을 방해하지 않는 범위 내에서 거주지
  를 설계

지속 가능한 지역 살림

· 지역 외부에 대한 의존을 줄이기 위한 자급, 자립을 계획하
  고 실천
· 수요와 필요에 맞는 적절한 공급체계 마련
· 주민이 직접 사업을 기획하고 참여
· 경제적 크기보다는 가치를 증진
· 공정한 거래가 이루어지는 거래 방식 선택 사회적기업, 협동조합 등
· 환경, 문화, 공동체에 대한 영향을 최소화

적절한 개발

· 자연적이고 인간적인 규모와 속도에 맞도록 적절한 기술 활용

· 지역의 자연환경에서 풍부하게 존재하는 것을 활용

· 지역에서 생산되며 유지 가능한 것을 사용

· 지역의 사람, 기술, 지식에 기초

· 개발의 과정과 결과가 지역으로 순환하는 방법의 채택

야생지의 보존

· 우리 생활과 직접 관련이 없는 모든 생명체를 보호

· 안정적인 생태계의 회복과 유지

· 자연을 세밀하게 관찰하며 배우기

· 파편화를 막기 위한 생태계의 상호연결성 유지

· 야생지 보호를 위한 제한된 개발과 적절한 토지이용

지역공동체와 지역 문화의 강화

· 끝까지 듣고 가능한 한 받아들이는 겸허한 자세로 이웃과
  일하기

· 이웃, 자연과 함께 일하며 인간, 자연과의 관계 강화
· 기술과 지식을 나누어 새로운 사람과 자생력을 키움
· 여성, 아이, 연장자, 장애인과 일하며 새로운 가치 발견
· 경제적 이익이 아니라 문화적 가치도 함께 생각

　　퍼머컬처 나무는 퍼머컬처가 하는 일을 잘 나타낸다. 퍼머컬처는 마을, 주거단지, 농장, 정원, 대규모 농장과 협동조합과 같은 활동과 비즈니스까지 다양한 대상에 적용할 수 있다. 퍼머컬처는 앞서 이야기한 대로 새로운 것이 아니라 식물학, 생물학, 농학, 원예학, 지리학, 건축학, 인류학, 경제학, 재정학, 에너지학 등에서 필요한 것을 적용한다. 하지만 그 기반이 되는 요소는 지구의 모든 생명이 그 활동을 기대고 있는 토양, 물, 공기, 햇빛이다. 나무가 물, 공기, 햇빛의 힘으로 뿌리를 통해 토양의 영양분을 끌어올려 잎을 달고 열매를 만드는 것과 마찬가지로 퍼머컬처는 토양, 물, 공기, 햇빛을 기본적인 요소로 하고 그 원리를 바탕으로 우리 생활에 필요한 것을 지속 가능하고 생태적으

퍼머컬처 나무

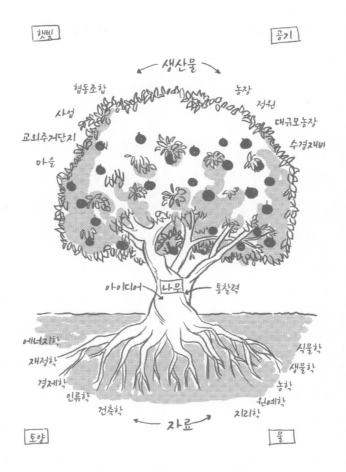

퍼머컬처 나무는 퍼머컬처가 하는 일을 보여준다. 퍼머컬처를 적용
하려면 나무 전체를 보는 통찰력이 필요하다.

로 만든다. 특정한 대상에 퍼머컬처를 적용하기 위해서는 이러한 요소와 원리를 융합할 수 있는 아이디어와 전체를 볼 수 있는 통찰력이 필요하다. 퍼머컬처 나무는 이러한 융합적 사고와 통합적 관점을 가질 수 있도록 도와준다.

퍼머컬처 꽃은 퍼머컬처를 적용하는 과정을 보여준다. 퍼머컬처는 하나의 분야에 국한하여 적용하지 않는다. 하나의 분야로 완결되거나 지속 가능해지는 것은 없다. 그래서 퍼머컬처는 다양한 부분을 상호 연결하고 교류, 소통하면서 만든다. 퍼머컬처는 토지이용과 자연환경의 관리, 환경과 기반의 조성, 기술과 도구의 개발, 문화와 교육의 증진, 건강과 정신적 풍요, 재정과 경제, 토지소유권, 민주적 의사결정과 자치 등의 영역에 걸쳐 소용돌이 모양으로 진화할 것을 주문한다. 이러한 모든 영역을 한 번에 디자인하고 한 번에 만들어내는 것이 아니라 적절한 영역에서 실현 가능한 것부터 작게 시작하지만, 연관이 있는 다른 영역으로 확장하여 적용하고 다시 다른 분야에 적용하는 방식으

퍼머컬처 꽃

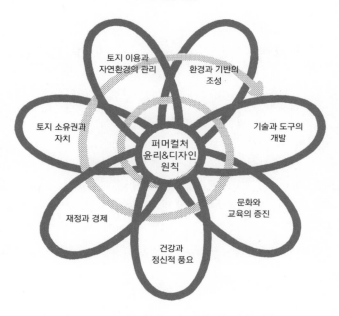

퍼머컬처 꽃은 퍼머컬러를 적용하는 과정을 보여준다. 한번에 만들어지는 것은 없다. 쉬운 것에서부터 시작하여 다른 분야로 확장하면서 느리게 보이지만, 안정적으로 적용해야 한다.

로 작고 느리게 보이지만 전체 시스템을 천천히 안정적으로 변화하게 만든다. 그래서 퍼머컬처는 마치 덩굴식물이 소용돌이 모양으로 지지대를 감아 올라가듯이 대상을 지속 가능하게 만든다.

퍼머컬처의 원조는 한국?

빌 몰리슨 Bill Mollison : 1928~2016. <사진출처:https://ethics.org>

퍼머컬처는 빌 몰리슨Bill Mollison과 데이비드 홈그랜David Holmgren
에 의해 창시되었다. 이들은 1978년 공동저술한 *PERMACULTURE 1*을
출간하면서 개념을 세상에 알렸다. 빌 몰리슨은 호주 남부의 섬 태스매
니아섬 출신인데 어부, 선원, 트랙터 운전사 등 다양한 직업을 가졌다가
늦은 나이에 대학에 진학하여 생물학, 환경심리학 등을 공부하고 태스
마니아 대학에서 일한다. 그런데 자신의 고향이 개발이라는 이름으로

환경과 생태계가 파괴되고도 정착 고향 주민들은 더 가난해지는 것을 목격한다. 이후 고향을 살리기 위해 직장을 그만두고 전 세계 여행을 다니며 자연과 인간이 공존하는 전통적인 지혜와 사례를 수집한다. 1974년 만나게 된 제자인 데이비드와 함께 이러한 지혜와 사례를 하나로 묶어 퍼머컬처라는 개념을 탄생시켰다.

나는 박사학위 논문을 준비하다가 유기농업과 관련한 여러 가지 개념과 방법을 정리하면서 퍼머컬처라는 말을 알게 되었으나 그다지 큰 관심을 두지 않았다. 논문을 쓰고 나서 농업생산에 있어 화석연료의 사용을 줄일 수 있는 대안을 찾다가 2000년 1월, 퍼머컬처가 적용된 호주의 크리스탈워터즈 생태마을에 대한 다큐멘터리를 보게 되었다. 그리고 그해 6월, 이 마을의 퍼머컬처 디자인 코스에 참가했고 퍼머컬처는 내 인생의 가장 중요하고 큰 부분을 차지하게 되었다.

충남 홍성의 풀무학교 교사 시절, 당시 교장이었던 홍순명 선생님으로부터 재미있는 이야기를 듣게 된다. 빌 몰리슨이 홍성에 왔었다는 것이었다. 쌀과 논이 생소한 서양인들은 주로 생산량을 묻는데 빌 몰리슨은 이 논이 언제부터 논이었는지를 묻더란다. 농부가 아버지 때에도, 할아버지 때에도 논이었다고 대답하니 빌 몰리슨이 깜짝 놀랐다고 한다. 홍순명 교장은 그때 빌 몰리슨이 퍼머컬처라는 단어를 조합하게 되었을 것이라 추측하며 퍼머컬처의 원조는 한국이라고 했다. 실제 빌 몰리슨은 퍼머컬처를 동아시아에서 영감을 받았다고 이야기하는데 꼭 집어 한국이라 말하지 않아 그 진위를 알 수 없다. 다만 예전에 한 대학생이 퍼머컬처를 배우기 위해 태스매니아에 가서 빌 몰리슨을 만났는데 '내가 퍼머컬처를 한국에서 배웠는데 너는 퍼머컬처를 배우러 한국에서부터 왔구나' 하며 껄껄 웃었다는 이야기를 내게 해주어서 한국이 원조라는 말이 아주 터무니없는 것은 아닌 듯하다. 또한, 조선시대의 농서를 보면 퍼머컬처와 유사한 내용이 너무나도 많이 나오니 그 또한 간접 증거이기도 하다. 언젠가 태스매니아에 가서 그 진위를 물어 보고 조선의 농서 임원경제지를 보여주려고 했는데 안타깝게도 지구의 정원사Global Gardener로 불리던 빌 몰리슨은 2016년 그의 생을 마감했다.[9]

<참고자료 : https://en.wikipedia.org/wiki/Bill_Mollison>

---

9. 임원경제지(林園經濟志)는 조선 후기 농업정책과 자급자족의 경제론을 편 실학적 농서로 풍석 서유구가 산림경제를 토대로 한국과 중국의 저서 900여 종을 참고하여 엮어내었는데 농서로 알려졌지만 시골 생활에 필요한 지식과 기술에서 기예와 취미까지 기르는 일종의 생활백과사전으로 조선의 브리태니커라고 할 수 있다. 부끄럽게도 조선의 이러한 귀중한 책들이 제대로 번역이 된 바 없었는데 동양철학을 공부해 한문을 번역할 수 있는 젊은 학자들이 2003년 번역을 시작, 총 67권 중 12권을 출간했고 2023년 완간을 목표로 하고 있다. 그들이 고맙기 그지 없다. 임원경제지 완간을 위한 후원회가 있다.(www.pungseok.net)

2 귀향,
퍼머컬처 원리로
시작하자

※ 퍼머컬처와 관련된 책에 따라 원리가 조금씩 다르다. 이는 퍼머컬처의 원리가 독립적이지 않아 그 내용이 엄밀하게 구별되지 않기 때문이다. 예를 들어 요소를 중복하는 원리를 다양성의 원리로 설명할 수 있다. 저자에 따라 퍼머컬처를 더 잘 이해하고 적용하기 쉬운 방법으로 정리했다고 보면 될 것이다. 이 책에 소개된 원리는 크리스탈워터즈 생태마을의 퍼머컬처 디자인코스의 교재의 분류와 내용에 따랐다.

〈표 2-1〉 퍼머컬처의 9가지 원리

구 분	원 리	주 요 내 용
자연을 닮게 하라	다양성을 높여라	자연생태계의 주요한 특징, 무엇이든 다양하게 만들면 안정해지고 스스로 유지, 관리된다.
	가장자리를 이용하라	서로 다른 특성이 만나는 가장자리를 보전하거나 만들면 다양성이 높아지고 여러 효과가 생겨난다.
	자연적 힘을 활용하라	자연이 동작할 수 있는 기반을 만들어주면 자연이 많은 것을 스스로 만들어준다.
상업적 에너지 줄여라	에너지를 계획하라	상업적인 에너지 사용을 줄이는 계획을 통해 재생 가능한 에너지 사용을 늘리고 지출을 감소시킨다.
	생물자원을 이용하라	식물과 동물의 역할과 활동을 이용하여 상업적 에너지를 효과적으로 줄인다.
	상대적 위치를 고려하라	에너지의 효과적인 이용을 위해 상호 필요한 요소를 연결하고 이들의 상대적인 위치를 고려한다.
적절한 규모로 만들기	작지만 집약시켜라	적절한 규모에서 내부적인 연결성을 높이면 불확실성이 줄고 지출도 감소한다.
	다기능을 갖추어라	한 가지를 만들더라도 여러 가지 기능을 가지도록 하여 적절한 규모를 유지하고 비용도 절감
	중요한 기능은 중복하라	필수적이고 중요한 기능이 있다면 여러 개를 만들어 이 기능이 없어지는 위험요소를 제거한다.

퍼머컬처를 무언가에 적용하기 위해서는 두 단계의 전략이 필요하다. 첫 번째는 원리를 익히는 것이다. 퍼머컬처의 원리는 어떠한 기후나 문화적 환경에서도 적용할 수 있는 변하지 않는 원칙들이다. 원리를 익힌 이후에는 실제로 적용할 수 있는 실제적인 기술과 방법을 익혀야 한다. 실제적인 기술과 방법은 기후나 문화에 따라 달라질 것이다. 우선 어느 곳에서나 언제나 활용할 수 있는 퍼머컬처의 원리를 배워보자. 이 원리는 텃밭, 농장, 집과 같은 물리적인 대상과 사업, 활동, 프로젝트와 같은 비물리적인 대상 모두에 적용할 수 있다. 물리적인 사례로 이해를 넓히면 비물리적 대상에까지 확장할 수 있게 된다. 당연히 귀향디자인에도 적용할 수 있다.

자연을 닮게 하라

퍼머컬처 전체에 있어 가장 중요한 관점은 '자연을 닮게 하라'는 것이다. 자연생태계는 인간의 관리나 간섭이 없어도 스스로 유지하고 진화한다. 생태학적으로 경작지를 자연생태계와 비교하면 특정한 작목을 심고 키우기 위해 다른 식물을 제거하여 다양성을 줄이고 비료, 농약과 같은 것을 사용해 수확물이 생기면 그 수확물만 가져 나오는 유입과 유출이 많은 인위적인 생태계이다. 그래서 경작지는 인간의 관리 없이 유지되지 않는다. 하지만 경작지를 자연생태계와 유사하게 만들면 사람의 관리를 줄이고 수확물을 얻을 수 있다. 유기농업의 원리와 근본적으로 같다. 더 나아가 자연을 닮게 하자는 퍼머컬처의 원리는 농업에만 적용할 수 있는 것은 아니다. 지

▲ 텃밭은 자급을 위해 여러 작물을 심는다. 같은 작목도 섞어 심고 중간중간 꽃도 심으면 병충해를 줄인다. 자연을 닮게 하여 얻어지는 효과이다. 사진은 전북 완주군 비봉면 윤경희 씨 텃밭.

속 가능하게 만들고 싶은 것이 있다면 무엇이든 자연을 닮도록 해야 한다

다양성을 높여라

자연생태계의 가장 중요한 특징 중의 하나는 다양하다는 것이다. 그래서 퍼머컬처는 무엇이든 다양하게 만든다. 농사에서 다양성을 높이려면 우선 다양한 작목을 심어야 한다. 이러한 방식은 전혀 새로운 것이 아니다. 우리 조상들은 하나의 밭에 여러 작목을 심는 간작, 혼작 등을 해왔다. 홍성에서 농사를 짓는 한 귀농인은 길쭉한 밭에 감자, 고추, 깨, 옥수수를 한 줄씩 심었다. 농사를 짓는다면 강원도의 고랭지 배추밭을 상상한 도시에서 온 귀농 희망자들이 '이렇게 농사를 지으면 농사가 되요?' 비아냥거리듯이 물었다. '한 줄 작업하면 작업 내용이 바뀌니까 농사짓는 일이 지루하지 않지요'라고 그 귀농인은 웃으며 대답했다. 이내 '병충해에 한꺼번에 망가지는 일이 생기지 않지요. 홍성 지역에 고추 병이 돌아 다른 밭의 고추는 다 망가졌을 때 이 밭의 고추는 망가지지 않았지요'라고 이어 말했다. 이렇게 다양성을 확보하면 얻어지는 것이 있다.

　실제로 숲은 병충해에 잘 망가지지 않는다. 숲에는 다양한 종류의 식물이 어우러져 살기 때문에 병해충이 생기더라도 일부의 식물에 피해를 줄 뿐 숲 전체가 망가지지 않는다. 또한, 일부 피해가 있더라도 스스로 복원한다. 최근에 우리나라의 숲에서 소나무 재선충의 피해가 생기는 것은 산림복원을 위해 빠르게 자라는 소나무 종류를 군집하도록 심었기 때문이다. 다양성을 확보하지 않으면 이렇게 재난을 얻을 수도 있다. 작목의 다양성을 높이는 것이 병충해의 피해를 줄이기 위한 것만은 아니다. 다양성을 높이면 생산량이 늘어나고 자급률을 높이며 작업시간과 작업강도를 분산하고 작물 사이의 서로 이득이 되는 효과를 기대할 수 있다.[10]

　물론 농사의 다양성을 작목으로만 높일 필요는 없다.

　동물을 키운다면 복합영농, 순환농업을 가능하게 하여

10. 유인식물은 병해충을 끌어당겨 다른 작물에 피해를 줄이는 식물이고 기피식물은 형태와 냄새 등으로 병해충의 접근을 막을 수 있는 식물이다. 이러한 식물을 잘 모르면 다양한 작목과 식물을 섞어 심으면 된다. 어떤 작물은 다른 작물이 필요한 영양분을 남겨놓기도 한다. 다양성을 높이면 나도 모르게 이런 효과가 나타난다.

생태적인 안정성을 높일 뿐 아니라 비료와 사료의 사용을 줄여 경제적인 이득을 준다. 더 나아가 농업에서 가공과 체험, 교육, 휴양, 관광, 복지까지 확장하여 다양성을 높일 수 있다. 이는 농업이 필연적으로 가지고 있는 기후적 재난에 대한 위험을 분산할 수 있으며 농산물 이외의 것에 가치를 부여해 마찬가지로 경제적인 이득이 된다. 이렇게 다양성은 반농반X에서 X의 가능성도 열어준다.

과수원 아래 닭을 키우면 닭이 떨어진 과일을 먹어 낙과를 애써서 주워낼 필요가 없고 닭 사료가 덜 들며 닭똥이 과일나무의 소중한 퇴비가 된다. 동물로 다양성을 넓히면 이러한 효과를 기대할 수 있다.

농사에 전적으로 기대지 않는다

귀향한다고 꼭 농사만 지어야 하는 것은 아니다. 농사뿐 아니라 할 수 있는 다양한 일을 고려해야 한다. 농업에서 분야를 넓히면 2차 가공, 3차 서비스까지 확장할 수 있고 부업을 갖는다면 방과후 학교 교사, 문화 활동가, 사회서비스 제공자, 지역사회 활동가 등 다양한 일을 할 수 있다.

농사를 짓는다면 다양하게 하라

조금이라도 농사를 짓는 것이 좋다. 여러 가지 도움이 된다. 하지만 한가지 작목에 올-인하지 않아야 한다. 농업에는 농민이 통제하지 못하는 기후와 시장, 두 가지 불확실성이 존재한다. 다양성은 이를 회피하는 방법이기도 하지만 농사를 고된 노동이 아니라 즐겁고 창의적인 일로 만들어준다.

사회적 관계를 넓혀라

귀향한다면 사람과의 관계가 매우 중요하다. 로컬리티가 있다면 이웃과 데면데면 살 수 없기도 하지만 이 로컬리티에 기대 서로 소통하고 의지해야 잘 살 수 있다. 이야기가 통한다고 도시 출신의 일부 사람만 만나거나 특정한 부류의 사람들 위주로 관계를 갖는 것은 바람직하지 않다. 최대한 사회적 관계를 다양하게 유지하는 것이 좋다. 심지어 동네 식당과 카페도 돌아가면서 이용하는 것이 좋다.

가장자리를 이용하라

다른 성질을 가진 두 가지가 만나는 곳을 가장자리라고 한다. 가장자리의 대표적인 곳은 하천의 물과 육지가 만나는 하천변, 바닷물과 육지가 만나는 갯벌, 민물과 짠물이 만나는 하구 등이다. 이러한 가장자리는 두 가지 특성을 다 가지고 있거나 그 특성이 그라데이션과 같이 변화해서 다양성이 증가하게 된다. 다양성이 증가하면 당연하게 생산성도 높아진다. 그래서 역사적으로 인류의 모든 문명은 물과 육지가 만나고 민물과 짠물이 만나는 중복된 가장자리인 큰 강의 하구에서 시작되었다. 현대 문명은 자신이 시작된 가장자리를 없애고 있다. 하천변에 제방을 쌓고 갯벌은 메꾸어 간척지를 만들고 하구에는 둑으로 민물과 짠물을 칼로 베듯이 구별한다. 자연이 주는 가장자리의 혜택을 발로 차버린 꼴이다. 아마도 우리는 다양한 것을 지저분하다고 느끼는 것 같다. 이제 생각을 바꾸어보자. 지저분한 것은 오히려 아름답다고! 사람의 손으로 다양성을 만드는 것은 시간과 노력이 필요하므로 자연 스스로 만든 다양성을 최대한 이용해야 한다. 그래서 주변에 가장자리가 있다면 훼손하거나 없애지 않아야 한다. 집을 짓거나 농장을 만들려는 땅에 하천, 수로, 연못, 습지가 있다면 되도록 손을 대지 않아야 한다. 즉, 가장자리의 형태를 바꾸거나 메우지 않아야 한다. 가장자리가 없다면 자연이 가장자리를 만들 수 있도록 도와주어야 한다. 연못, 호수, 수로 등을 만들면 된다. 물과 흙이 만나는 곳에 돌을 박거나 시멘트를 바르지 않고 식생이 저절로 자리잡을 수 있게 해주면 가장자리가 만들어진다. 연못이나 호수를 만들 때 일정한 모양이나 같은 깊이로 만들 필요는 없다. 오히려 다양한 모양과 깊이가 가장자리와 관련된 다양성을 증가시켜준다.

가장자리는 숲과 초지가 만나는 곳, 숲과 경작지가 만나는 곳에서도 자연스럽게 생겨난다. 숲과 경작지 사이에 적절하게 가장자리를 만들게 되면 이 가장자리에 숲에서 생산되는 유기물이 모여 이를 경작지에 활용할 수 있고 숲에 사는 천

적이 경작지의 해충을 막아준다. 밭에 서로 다른 작목을 심을 때 가장자리 효과를 높이기 위해 이랑을 구불구불하게 만들면 작목 간의 상호작용이 늘어나고 직선으로 만든 이랑에 작목을 심는 것보다 더 많은 작목을 심을 수 있다.

연못의 가장자리를 늘리는 방법

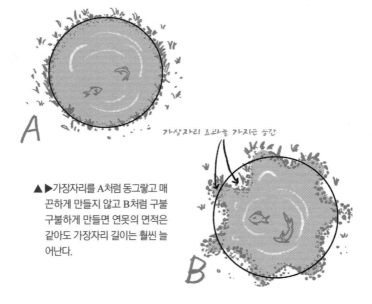

▲▶가장자리를 A처럼 동그랗고 매끈하게 만들지 않고 B처럼 구불구불하게 만들면 연못의 면적은 같아도 가장자리 길이는 훨씬 늘어난다.

가장자리가 있는 곳에 터를 잡아라

가장자리가 있거나 가장자리가 가까운 곳에 터를 잡는 것이 좋다. 자연이 스스로 다양성을 만들어주니 힘들게 다양성을 높이기 위한 노력을 덜 수 있다. 집터는 산림과 경작지가 만나는 가장자리를 차지하는 것이 좋고 경작지는 호수, 하천의 가장자리와 가까이 있는 것이 좋다.

가장자리가 없다면 만들어라

마당이나 농장에 작은 연못, 수로 등을 만들면 좋다. 가장자리도 확보하고 정서적으로 유용하다. 숲과 멀리 떨어져 있다면 작은 숲을 마당이나 경작지에 만들 수 있다. 숲을 만들기 어려우면 길과 논둑, 밭둑에 적절한 울타리 나무를 심어 울타리 숲Hedge low을 만들면 된다. 이런 작은 숲과 울타리 숲이 가장자리를 만들어 줄 것이다.

가장자리 영역에서 일하라

사업이든 생활이든 사회활동이든 경계가 모호한 영역에서의 활동을 중요하게 생각해야 한다. 농산물 판매에 있어 시장형 유통, 직거래 유통의 가장자리에 있는 로컬푸드와 같은 영역의 활동을 무시하지 않아야 한다. 로컬푸드 생산방식은 시장이나 직거래 양쪽의 확장이 가능하다. 이렇게 가장자리에서의 일은 다른 분야로의 확장이나 전환을 쉽게 해준다.

자연적 힘을 활용하라

'자연을 닮게 하라'는 퍼머컬처의 원리는 최종적인 결과만 자연을 닮게 하라는 것은 아니다. 과정도 자연을 닮게 해야 한다. 생태학에는 '천이遷移'라는 용어가 있다. 같은 장소에서 시간의 흐름에 따라 식물군집이 변화하는 것을 일컫는 말이다. 대체적인 천이과정은 이러하다. 나대지를 그대로 놔두면 먼저 풀들이 들어와 자리 잡는다. 풀에 의해 토양 내 유기물의 양이 많아져 관목이 자라기 시작한다. 관목에 의해 토양의 구조와 미기후가 바뀌면서 햇빛이 잘 드는 곳에서 자라는 양수陽樹 교목이 생겨난다.[11] 양수가 많아지면 햇빛을 잘 들지 않는 곳에서 부터 음수陰樹가 자라고 혼합림이 되었다가 햇빛에 민

---

11. 관목(灌木)과 교목(喬木) : 관목은 높이가 2m 이내이고 주줄기가 분명하지 않으며 밑동이나 땅속 부분에서부터 줄기가 갈라져 나는 나무로 진달래, 개나리, 참싸리, 돈나무 등이 있다. 교목은 높이가 8m를 넘는 나무로 보통 1개의 뚜렷한 외줄기를 가지고 있고 느티나무, 삼나무, 소나무 등이 있다.

감한 양수는 없어지고 음수가 들어찬 숲이 된다.[12] 산불과 같은 외부로부터 큰 자극이 일어나지 않으면 이러한 음수림은 변하지 않는 극상Climax을 이룬다. 이같이 자연은 스스로 환경을 조절하며 변화하는 힘을 가지고 있다. 이러한 자연의 힘을 이용하면 우리가 원하는 것을 더 쉽고 튼튼하게 그리고 아름답게 만들 수 있다.

일본의 시가현滋賀縣에는 673.9㎢의 면적을 가진 바다와 같이 넓은 비와호琵琶湖라는 호수가 있다. 이 호수에 영양염류가 과도하게 유입되어 부영양화의 우려가 생기자 일본의 생태학자들이 부도浮島를 연구한 적이 있다. 물 위에 잘 뜨면서도 식물을 고정할 수 있는 재료로 기반을 만들고 그 기반 위에서 식물을 키우면 부도의 아래로 식물 뿌리가 자라 호수의 영양염류를 흡수하여 수질을 정화할 것이고 적절할 때 그 식

12. 양수(陽樹)와 음수(陰樹) : 어릴 때 햇볕에서는 잘 자라지만 그늘에서는 잘 자라지 못하는 나무로 잎갈나무·곰솔·노간주나무·자작나무·사시나무·버드나무·오동나무·은행나무 등이 있다. 음수는 생장은 늦지만, 그 어렸을 때 그늘에서도 잘 자란다. 음수림을 구성하는 수목에는 너도밤나무·솔송나무·젓나무 등이 있다. 또 삼림의 중층목이나 하층목이 되는 동백나무·생달나무·팔손이 등도 음수이다.

물을 잘라 육지로 옮겨 퇴비로 만들면 호수도 살리고 농사에도 도움을 줄 수 있다는 아이디어였다. 생태학자들은 스티로폼과 같이 물 위에 뜰 수 있는 재료에 영양물질의 흡수력이 좋은 여러 가지 종자를 골라 심어 호수 수면 위에 띄워놓았다. 한 달 정도 뒤에 식물의 발아와 생장을 확인하러 간 생태학자들은 깜짝 놀랐다. 자신들이 심어놓은 식물 종자가 자라고 있는 것이 아니라 그 환경에 적합한 식물이 알아서 잘 자라고 있었다. 그래서 생태학자들은 종자를 심을 필요 없이 부도의 기반만 만들면 된다는 사실을 알게 되었다. 즉 자연의 힘이 생태학자들을 도운 것이다.

농장을 아름답게 만들기 위해 외래종 꽃을 많이 심는다. 꽃이 커서 보기에 좋기는 하지만 대개 일년생이고 우리나라 환경에 적합하지 않아 겨울이 지나면 뿌리가 상해 봄에는 다시 심어야 한다. 하지만 토종의 꽃나무나 야생화를 심으면 다시 심을 필요 없이 매년 꽃을 피워 농장에 색깔을 입힌다. 이렇게 자연이 일을 시작할 수 있는 최소한의 기반을 만들어주고 다음은 자연에 맡기면 알아서 해준다. 게다가 자연은 사람

의 손보다 훨씬 아름답게 만들어준다. 자연의 아름다움이란

인간이 도저히 흉내 낼 수 없다.

자연을 관찰하라

주변의 자연을 자주, 세심하게 들여다보아야 한다. 언제 어떤 식물이 싹이 나고 꽃이 피고 열매를 맺는지, 다 성장한 나무는 높이, 너비가 얼마나 되는지를 알아두면 이를 활용할 수 있다. 이런 방법으로 주변 숲을 관찰하여 먹을 수 있는 식물로 숲을 만든 것을 식량숲Food Forest이라 한다.

자연이 일할 수 있는 시간을 허용하라

귀향하여 단기간에 모든 것을 만들 필요는 없다. 시간을 두고 하나씩 만들면 된다. 자연의 시간이 필요할 경우 임시로 그 역할을 할 수 있는 것을 만들고 자연에 맡겨놓아야 한다. 예를 들어 울타리 숲을 만든다면 임시 울타리를 만들고 묘목을 심는다. 3~4년 뒤에 나무가 성장해 울타리의 역할을 할 수 있게 되면 임시 울타리를 철거한다.

식량숲

▲ 안정된 숲을 흉내내어 먹을 수 있는 수목과 작물로 숲을 만들 수 있다. 이
렇게 만들어진 식량숲은 적은 관리로도 안정적으로 유지할 수 있다.

지역사회도 스스로 변한다

귀향하면 도시의 시간과 다른 시간이 흐른다. 변하지 않는 것 같아도 조금씩 변한다. 마음에 들지 않더라도, 급하게 무엇인가 하고 싶더라도 조급하게 생각하지 않는 것이 좋다. 얼마간 일부러 무심하게 두면 만들어져 있고 변해있기도 한다. 자연이 천이하듯 지역사회도 천천히 진화한다. 그 진화의 속도에 나를 맞추어야 한다.

상업적 에너지를 줄여라

에너지는 일을 할 수 있는 능력을 의미한다. 지구상의 에너지는 새로 생기거나 없어지지 않는다. 이를 물리학에서 '에너지 보전'이라 한다. 이 법칙만 있다면 에너지 문제는 발생하지 않는다. 문제는 두 번째인 엔트로피 법칙이다. 이 법칙은 에너지를 사용하는 과정에서 사람이 쓸 수 있을 만큼 집적된 에너지는 감소한다는 것인데 예를 들어 휘발유를 자동차에 넣었을 때 자동차가 앞으로 움직이기는 하지만 많은 에너지는 열과 마찰로 변해 쓸 수 없는 에너지로 분산된다는 것이다. 이 엔트로피 법칙에 따라 지구 바깥에서 에너지가 공급되지 않는다면 지구가 가진 에너지는 언젠가 고갈될 수밖에 없다. 다행스럽게도 태양이 지구표면 1㎠에 1분 동안 2칼로리의 에너지를 평균적으로 보내주고 있어 지구는 유지되었다. 퍼머컬처는 화석연료나 전기와 같이 사용하기는 쉬워도 자연의 힘으로 만들어낼 수 없는 에너지는 덜 사용하고 태양열, 풍력, 수력과 같은 자연적인 에너지를 더 많이 사용하는 것을 원칙으로 한다. 자연적인 에너지의 근원은 태양으로 지구가 태양을 중심으로 도는 한 고갈되지 않는다. 화석연료와 전기의 사용은 환경적으로 지속 가능하지 않을 뿐 아니라 농사와 생활의 경제적 지출항목 중에 높은 비중을 차지하고 있고 가격의 변동을 예측할 수 없어 불확실성을 높인다. 이러한 상업적 에너지를 줄이는 것은 지출을 줄이는 동시에 안정성을 높인다.

에너지를 계획하라

농사를 시작하기 전에 미리 생각해 놓으면 쓸데없이 써야 하는 상업적인 에너지를 줄일 수 있다. 예를 들어 연못을 논, 밭보다 높은 곳에 만들면 중력으로 물을 공급할 수 있어 공연히 전기를 사용한 펌프를 쓰지 않아도 된다. 감자를 보관하는 시설은 감자밭보다 아래에 만들면 손수레를 통해 쉽게 수확한 감자를 옮길 수 있지만 반대가 되면 경운기나 트랙터의 시동을 걸어야 한다. 이렇게 농사에 필요한 요소들을 계획단계에서 적절하게 배치하면 효율을 높이고 상업적인 에너지의 사용을 줄일 수 있다. 이를 효과적으로 하려면 지구Zone와 구역Sector 개념을 통해 공간을 계획하면 된다.

지구계획은 농장의 중심을 집으로 보고 일정 거리를 기준으로 동심원을 그려 농장에 필요한 시설이나 공간을 배치하는 방법이다. 0지구는 집이고 집에서 멀어질수록 1지구, 2지구, 3지구, 4지구, 5지구가 된다. 어떤 시설과 공간을 어느 지구에 만들어야 하는가 하는 것은 그 시설 및 공간의 작업의 빈도, 강도와 관련이 있다. 즉 자주 가야 하고 관리를 많이 해야 하는 것들을 집에 가깝게 배치하면 된다. 텃밭은 매일 수확하여 식량을 얻는 곳이므로 집에 가까이 두어야 한다. 따라서 텃밭은 1지구에 조성한다. 즉, 1지구에는 잦은 관찰과 방문, 지속적인 작업이 필요한 것을 배치한다. 예를 들어 자급용 채소밭, 조리용 식물, 작은 동물의 축사, 창고, 농기계 저장소, 퇴비장, 물탱크 등을 배치하면 좋다.[13] 2지구에는 1지구만큼 자주 가지 않더라도 정기적으로 관리해야 하는 것을 배치한다. 예를 들어 닭 방목지, 자급을 위한 과수원, 큰 규모의 채소밭, 하수처리시설, 양봉장, 곤충이나 새를 끌어들이기 위한 꽃밭, 집을 보호하기 위한 방풍림 등이 속한다. 3지구에는 정기적으

---

13. 흔히 퇴비장을 집과 멀리 두기 쉽다. 이유는 냄새 때문인데 발효과정을 이해하고 잘 관리하면 냄새나지 않는다. 퍼머컬처에서는 퇴비장을 반려 동물 관리하듯이 하라고 조언한다. 온도, 습도, 환기 등의 조건을 잘 만들어주면 냄새가 발생하지 않는다. 역설적으로 집에서 멀리 두니 관리가 되지 않아 냄새가 나게 된다. 동물의 축사도 마찬가지이다. 대규모가 아니라면 1지구에 두어야 한다. 예전에 우리 조상들은 소를 부엌 옆에서 키웠다.

지구계획(zonning)

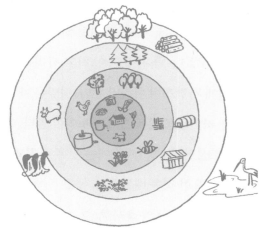

▲ 지구계획은 중심지로부터 동심원으로 만들어지는데 관리의 빈도와 강도
에 의해 구분된다.

로 가지만 한 번 갈 때 오랫동안 작업을 하는 것들을 만든다.
상업적인 작물을 키우는 밭, 가축을 키우기 위한 방목장, 관
리가 적은 조림지, 큰 규모의 창고, 높은 방풍림 등이다. 4지구
는 관리가 적고 야생의 성격을 많이 갖는 곳이다. 작은 숲, 채
집을 위해 무언가를 모아두는 곳, 연료와 목재를 위한 조림지,
댐 등을 배치한다. 5지구는 야생지의 성격을 많이 갖는 것으
로 관리하지 않는 숲, 자연 습지, 휴식을 위해 찾는 자연 공간

등이 속한다.

구역계획은 태양열, 햇빛, 바람, 비, 물의 흐름 등의 자연적 에너지를 고려하는 방법이다. 이러한 자연적인 에너지들은 농장의 외부로부터 내부로 유입된다. 그래서 구역계획은 농장 중심에 꼭지를 둔 쐐기 혹은 자른 피자 모양이 된다. 구역계획을 할 때 불의 피해가 우려되는 방향, 바람의 영향이 있는 방향, 야생동물의 침입이 우려되는 방향, 여름과 겨울의 햇빛이 들어오는 방향, 경관이 우수한 방향 등을 고려한다. 농장에 도움이 되는 요인이 있다면 농장 안으로의 유입을 허용하거나 더 적극적으로 끌어들이고 농장에 피해가 줄 요인이 있다면 차폐하거나 피할 수 있도록 하여 이러한 요인을 관리하는 것이 구역 계획의 목적이다. 예를 들어 집의 남쪽에 나무를 심는 경우 여름 햇빛과 겨울 햇빛이 모두 들어오는 방향이라면 활엽수를 심어야 한다. 여름엔 나뭇잎이 집에 시원한 그늘을 만들어줄 것이고 겨울에는 잎이 떨어져 햇빛을 받을 수 있을 것이다. 산불이 번져올 수 있는 방향에는 연못, 돌담을 만들거나 잘 타지 않는 나무로 이루어진 숲 등을 만들어 대비해야 한다.

그림과 같이 지구와 구역계획을 통합하면 백지였던 공간이 특성에 따라 나누어진다. 즉, 집을 중심으로 거리에 따른 관리 수준과 방향에 따른 특성에 의해 공간이 분할된다. 하고자 하는 일의 목록을 정리하고 그 일이 지구와 구역계획에 의해 분할된 어떤 공간에 가장 적합한지 짝지으며 최적화하면 된다.

구역계획(sectoring)

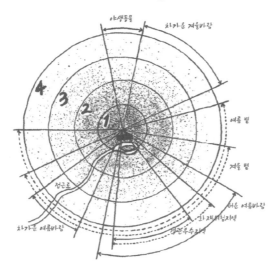

▲ 중심지를 꼭지점으로 방향에 따라 자른 피자 모양이 되는데 방향에 따른 자연적인 에너지를 활용하게 된다다.

귀향디자인 Tips

집과 경작지를 가까이 두어야 한다

집과 경작지의 거리가 멀면 이동하는데 시간과 비용이 들어가고 집에서 장비나 도구를 챙기지 않았다면 먼 거리를 오고 가는 안타까운 일이 생긴다. 되도록 집과 경작지가 붙어있는 것이 좋다. 어쩔 수 없이 경작지가 멀다면 그 경작지 내에 작은 0지구를 만들어 식사와 새참을 해결하고 기본적인 장비와 도구를 저장하여 집을 오가는 일을 줄여야 한다. X를 위한 작업장, 사무실 등도 집과 가까이 있는 것이 좋다.

경작지가 분산되어 있다면 거리와 특성에 따라 최적화해야 한다

우리나라의 지형적 특성이나 마을의 공간구조는 앞서 이야기한 농장처럼 만들기 어렵다. 농촌의 집은 대개 집촌화된

마을 내에 있고 경작지는 마을 주변에 서로 떨어져 있는 경우가 많다. 이렇게 집과 경작지가 떨어져 있더라도 지구계획을 참고해서 거리와 특성에 따라 경작지의 용도와 작물을 선정해야 한다.

생활에도 지구개념이 필요하다

상품을 구매하거나 서비스를 얻는 곳도 지구개념과 같이 생각해두면 편리하다. 면소재지에서 구할 수 있는 것, 다운타운이 있는 읍소재지에서 해결할 수 있는 것, 인근 도시까지 나가야 하는 것을 구별해 놓으면 시간을 허비하지 않는다. 일정한 기준이 없으니 생활하면서, 경험하면서 정리하고 기억해 두어야 한다.

생물자원을 이용하라

농사에서 상업적인 에너지를 줄일 수 있는 좋은 방법은 생물을 이용하는 것이다. 생물의 활동은 자연에너지에 기반을 두고 있어 필요한 작업과 연결하면 상업적인 에너지의 사용을 줄일 수 있다. 생물자원은 연료와 비료를 만들어주고 밭을 갈며, 해충과 잡초를 막아준다. 또, 물질순환에 도움을 주며, 서식처를 조성하고 토양을 보전하며 화재를 막는 등 다양한 역할을 해줄 수 있다. 질소고정 식물은 화학비료를 대체하고 잔디 대신 심은 작은 허브는 잔디 깎는 기계를 필요 없게 만든다. 풀을 먹는 동물은 배설물을 만들어 제초제와 화학비료를 필요없게 한다.

호주에서는 닭을 경운기처럼 활용한다. 2m 길이의 A형 텐트 모양의 작은 닭장을 만든다. 닭 경운기를 이용할 밭을 2m의 폭으로 길게 나눈다. 나누어진 밭에 작물을 심을 때 일

닭 경운기 (Chicken Tractor)

▲ 이동식 닭장을 옮기며 트랙터 역할을 할 수 있도록 한 것인데, 호주에서 많이 이용한다. 호주지역 검색 사이트에서 chicken tractor을 검색하면 다양한 사진을 얻을 수 있다.

주일 정도의 간격을 두고 심는다. 그러면 수확 시기도 일주일 정도 차이가 날 것이다. 첫 번째로 파종한 작물을 수확한 후 닭과 함께 닭 경운기를 밭에 놔둔다. 닭 경운기 안에 있는 닭들이 트랙터가 하는 역할을 해줄 것이다. 수확하고 남은 부산물을 먹고 벌레를 잡아먹기 위해 땅을 파헤치고 똥을 싸놓는다. 어느 정도 시간이 흐른 후 닭 경운기의 자리를 옮기면 마치 경운기가 밭을 지나간 것처럼 밭을 갈아줄 것이다. 일주일이 지나면 다음 2m 폭의 밭을 수확한 후 닭 경운기를 옮기고 같은 방식으로 밭을 갈면 된다. 곤충도 활용할 수 있다. 지렁이는 '하나님이 주신 선물'이라는 별명을 가지고 있다. 사람이 버리는 유기성 폐기물을 먹고 분변토라는 가장 좋은 퇴비를 만든다.

닭, 지렁이와 같은 동물이 아니라 식물도 이용할 수 있다. 벼를 수확하기 10일에서 20일 전에 자운영 씨를 논에 뿌린다. 벼를 수확할 때 어느 정도 발아한 자운영은 겨울을 지낸 후 봄에 아름다운 자주색의 꽃을 피운다. 나물로 먹기도 하지만 콩과식물이기 때문에 질소를 고정하여 토양에 영양분을 남겨놓는다. 자운영, 헤어리베치Hairy Vetch 등의 녹비작물은 화학비료의 역할을 대체할 수 있고 이러한 식물의 다양한 특성을 잘 활용하면 잡초도 막고 병해충도 관리할 수 있다.[14]

생물자원을 활용할 때 잊지 않아야 할 것은 관리되어야 한다는 사실이다. 관리하지 않는 생물자원은 농장의 자원을 낭비할 수 있고 오염을 일으키기도 한다. 또한, 내가 원하는

---

14. 헤어리베치(Hairy Vetch)는 콩과의 풀로 1~2년을 살며 1~2m로 자란다. 넝쿨로 자라기 때문에 마치 긴 머리카락이 뭉쳐있는 모양을 닮아 'Hairy'라는 이름을 가지게 되었다. 헤어리베치와 같이 먹지 않지만 다른 작물의 비료가 되거나 토양을 건강하게 만들기 때문에 일부러 키우는 작물을 녹비작물이라 한다. 콩과식물으로는 자운영, 클로버, 알파파 등이 쓰이고 동계작물로 호밀, 메밀, 연맥 등을 활용한다.

것을 먹어치우거나 망가뜨릴 수도 있고 생장을 방해하기도 한다. 그래서 원하는 역할을 잘 할 수 있도록 적절하게 관리해야 한다. 관리방법 중의 하나는 적절한 시기를 맞추는 것이다. 논에 넣은 오리가 잡초를 제거하기 원한다면 벼가 오리의 이동에도 영향을 받지 않을 만큼 성장한 후에 넣어주어야 한다. 포도밭에 닭을 풀어 토양을 관리한다면 포도 열매가 익기 전까지만 활용할 수 있다.

귀향디자인 Tips

잡초는 없다

잡초가 보기 싫어서 마당에는 콘크리이트나 자갈을 깔고 밭둑이나 경사지에는 제초제까지 뿌린다. 쓸모없는 풀이란 없다. 푸른 풀을 적절히 잘라 물에 담가두면 녹차처럼 우려지는데 이는 바로 쓸 수 있는 액체 비료이고 주변의 풀을 잘라 이랑에 덮으면 비닐 멀칭을 하지 않아도 된다. 이렇게 지천으로 자라는 풀의 용도가 생기면 관리하게 되고 보기 싫은 풀이 되지 않는다.

동물을 키운다면 우선 닭이 좋다

닭만큼 유용한 동물이 없다. 우선 풀에서 음식물까지 못 먹는 것이 없다. 닭똥은 아주 우수한 비료이다. 암탉은 계란을 생산하는데 생명을 빼앗지 않고 얻을 수 있는 양질의 단백질 원이다. 게다가 닭 경운기를 제작하면 농장의 일까지 한다. 조건이 된다면 다른 동물보다 닭을 우선 키우는 것이 좋다.

동물의 경우 죽음을 대비해야 한다

도시에서 마음 놓고 동물을 키우지 못해 귀향하면 온갖 동물을 키우려고 하는 분들이 가끔 있다. 하지만 죽음을 대비해야 한다. 식용이라도 자가로 도축하여 유통하는 것은 금지되어 있고 동물 사체를 함부로 묻는 것도 감염과 지하수 오염 문제 때문에 불법이다. 그러니 동물을 키우기 전에 죽고 나서 어떻게 할지를 미리 생각하고 고민해야 한다. 마음이 연약한 경우는 감정도 추슬러야 하니 신중할 필요가 있다.

상대적 위치를 고려하라

모든 디자인의 핵심은 관계를 잘 설정하는 것이다. 옷을 디자인하는 것은 옷과 몸의 관계, 옷의 각 부분의 관계를 조화롭게 하는 것이라 할 수 있다. 퍼머컬처에 디자인이라는 말을 붙여 쓰는 것은 이러한 관계를 중요시하기 때문이다. 따라서 퍼머컬처가 디자인하는 것은 닭장 그 자체가 아니다. 퍼머컬처는 닭장과 주변 숲, 연못과의 관계를 디자인하여 닭이 주변으로부터 모이를, 연못으로부터 물을 얻을 수 있도록 한다. 이렇게 지속 가능한 관계를 유지하기 위해서는 가장 적합한 위치에 있어야 한다. 예를 들어 댐과 물탱크는 집과 정원, 텃밭보다 높은 위치에 있어야 하고 방풍림은 집과 과수원 등에 바람이 들이치는 곳에 만들어야 하지만, 겨울에는 햇빛을 가려 그늘을 만들지 않아야 한다. 텃밭은 집과 닭장 사이에 있어야 집에서 나오는 음식쓰레기, 텃밭 부산물, 닭똥 등을 서로 연결하

요소분석의 예

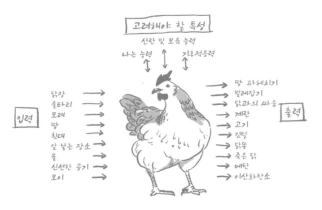

▲ 닭에 대한 요소분석의 예시이다. 닭의 특성에 맞게 서식처를 준비하고 필요한 것이 쉽게 연결되도록 하며 배출된 것이 있다면 필요한 곳에 연결한다.

기 수월할 것이다. 퍼머컬처는 이렇게 관계를 디자인한다.

필요한 요소가 적절한 자리를 잡으려면 이 요소에 필요한 것과 이 요소로부터 생산되는 것, 요소의 기본적인 특성을 잘 알고 있어야 한다. 이를 요소분석이라 한다. 예를 들어 닭을 대상으로 요소분석을 하면 아래와 같다. 요소분석을 하면 닭장은 텃밭, 온실과 가까운 곳에 자리 잡는 것이 바람직하다는 것을 알 수 있다. 닭똥이 퇴비가 될 수 있기 때문이다. 퇴비장을 분석하면 닭장과 가깝고 텃밭이나 온실과도 적정한 거

요소분석의 예

2층 닭장

계분

▲ 닭장이 퇴비장 위에 있으면 애써 닭똥을 퇴비장으로 퍼서 나르지 않아도 된다.

리에 있어야 할 것이다. 닭똥이 주요한 퇴비의 재료라면 닭장과 퇴비장은 아예 붙어있는 것이 좋다. 더 나아가 발상을 전환하자. 옆에 붙이지 말고 위, 아래로 붙이면 어떻게 될까. 퇴비장 위에 닭장을 만들면 닭똥이 저절로 퇴비장에 떨어진다. 이렇게 하면 애써 닭장의 닭똥을 긁어내어 퇴비장까지 이동시키는 일을 덜 수 있다. 더구나 닭은 높은 곳에 사는 것을 더 좋아한다. 무언가의 위치를 결정할 때 관계가 있는 다른 것과 어떤 위치에 있는 것이 좋은지 여러 가지 방안을 고민하여 가장 좋은 방법을 선택해야 한다.

터를 잡기 전에 주변을 살펴야 한다

우선 자리 잡을 터와 주변과의 상대적 위치를 생각해야 한다. 상류의 산이 높고 나무가 없다면 터전으로 적당하지 않다. 비가 많이 오면 홍수가 날 우려가 있다. 주변에 냄새가 나는 공장형 축사나 퇴비공장이 있다면 집터가 바람 방향의 앞쪽에 있어야 냄새를 피할 수 있다. 이렇게 터를 잡기 전에 주변과의 상대적 위치를 살펴야 한다.

자주 오고 가는 것은 모아라

요소분석을 어떻게 하는지, 서로 어떤 관계인지 잘 모른다고 걱정할 필요는 없다. 만들고 싶은 것의 목록을 만들고 하루에 몇 번 오고 갈지 그 숫자를 옆에 쓴다. 그 숫자가 3번 이상이 되면 집과 가까운 곳에 뭉쳐서, 1번 이상이 되면 집 근처에 배치하되 동서남북을 고려하면 된다. 예를 들어 햇볕에 필요하면 집 앞에, 그늘이 필요하면 뒤편에 두면 된다.

사회적 관계도 생각하자

이웃과의 관계도 생각해야 한다. 집을 꾸미거나 농장을 만들 때 내가 심은 나무가 이웃의 생활에 피해를 주지 않는지, 내가 만드는 소음에 영향이 없을지 살펴야 한다. 퇴비를 대주는 곳, 장비나 기구를 사는 곳, 내 농산물과 생산물을 파는 곳과의 관계도 중요하다. 도시처럼 더 싸게 주겠다는 곳이 있다고, 내가 만든 것을 더 비싸게 팔 수 있다고 덜렁 이전의 관계를 무시하지 않아야 한다. 그랬다간 돌고 돌아 가까운 미래에 나한테 반대의 상황이 올 수 있다. 로컬리티가 있는 곳에서는 사람이 돈으로만 연결되지 않는다. 서로의 상황과 처지를 배려해야 한다. 불편할 수도 있지만 다 도움이 된다.

적절한 규모로 만들어라

규모가 커진다고 해서 무조건 이익이 커지는 것은 아니다. 경제학에서의 규모의 경제는 생산요소 혹은 비용의 추가적인 투입이 없는 수준까지 규모를 늘리면 이익이 최대가 된다는 원리이다. 즉 무조건 규모를 늘린다고 해서 이익이 늘어나지 않는다. 더욱이 농사는 생명을 다루는 것이라 무조건 그 규모는 늘릴 수 없다. 방울토마토 500상자를 구매한 상인이 다음 해에 찾아와 그 토마토의 인기가 좋았다며 5천 상자를 팔아준다고 하면 그것이 가능한 일인가. 생산량도 문제이지만 좋은 품질의 토마토를 생산할 수 있을까. 더 분명한 건, 수익은 10배가 되지 않는다.

그러면 어떻게 해야 할까. 적절한 규모를 찾고 그 안에서 많은 일을 할 수 있게 만들어야 한다. 귀향하는 곳의 땅값이 싸다고 넓은 토지를 사서 중간중간 비워두기 쉽다. 적절한 규모의 토지에 다양한 것을 채우고 온전하게 활용해야 한다. 또, 작은 토지에서, 하나의 공간에서 여러 가지 일이 일어나도록 해야 한다. 이렇게 다양한 요소와 다양한 일을 만들고 집약하면 그 규모가 작아지지만 적절해진다. 또한, 집적된 다양성은 물이나 에너지를 공급하는 필수적인 일이나 재난을 막아야 하는 중요한 일을 쉽게 해결해준다.

작지만 집약시켜라

농산물 시장이 해외에 개방되면서 우리 농가가 경쟁력을 가지지 못한 이유가 규모가 작기 때문이라고 판단했다. 그래서 정부는 규모화, 전문화, 특화를 외치며 농가의 경쟁력을 높이려고 노력했다. 그 노력으로 호당경지면적은 늘어났다. 하지만 여전히 선진국의 경지면적에 비교하면 적은 편에 속해 실제 그 효과가 있는 것인지 의문스럽다. 더군다나 확대한 경지가 한곳에 모여야 하는데 우리나라 농촌의 지형과 지역사회의 특성상 이렇게 만들기 어렵다. 퍼머컬처에서는 오히려 규모를 늘리기보다 적절한 규모 내에서 집약하고 효율을 높이라 주문한다.

퍼머컬처는 대량생산과 대량유통이 아니라 손을 사용하는 농기구, 필요하다면 연료를 적게 사용하는 농기계로도 유지 가능한 시스템을 만들고 사회적 관계를 통해 그 생산물을 필요한 사람들과 나눈다.[15] 그렇다고 힘들고 단조로운 작업을 반복하면서 상업적인 작목을 경작하는 소작농과 같은 시스템을 만들자는 것은 아니다. 오히려 농부의 노동과 다양한 작물, 주변의 생물자원, 적정기술, 효율적인 기계 등을 통합하여 최적화하는 것이라 할 수 있다. 그래서 작고 집약적인 시스템이란 토지를 효율적으로 사용하는 것을 넘어 가용할 수 있는 자원을 철두철미하게 활용하고 온전한 관리하에 두는 것이라 할 수 있다. 온전하게 관리한다는 것은 무엇일까. 0지구인 집의 문 앞에 서서 관리하는 토지의 경계까지 쳐다볼 때 의도하지 않는 식물, 즉 잡초가 보인다면 온전한 관리에 실패한 것이다. 규모가 작은 경우 쉬운 일이나 큰 경우 단번에 이 목표를 달성하기 어렵다.

---

15. 퍼머컬처를 정원가꾸기나 취미농업이라 여기기도 한다. 그 이유는 돈이 되지 않기 때문이다. 맞는 이야기이다. 대량생산, 대량유통을 전제로 한 우리나라의 농산물 유통구조에서 퍼머컬처 방식으로 농산물을 생산하면 팔 곳이 없다. 하지만 2010년 완주군에서 시작한 로컬푸드가 정착되면서 대량생산, 대량유통 방식 이외에 다른 대안이 있다는 것을 알게 되었다. 퍼머컬처에서 지향하는 농산물의 유통방식도 로컬푸드와 같다. 관계를 중심으로 특정한 범위 내에서 생산한 농산물을 신뢰를 바탕으로 소비와 연결한다.

그래서 집 앞에서부터 시작해야 한다. 넓은 토지에 계획을 세웠더라도 집 앞의 작은 공간부터 집약해 나가야 한다. 즉, 1지구를 완성하고 2지구, 3지구로 나가야 한다. 돈 버는 일이 먼저라고 멀리 있는 경작지에 관심을 두지 않아야 한다. 멀리 있는 공간에 무언가를 만들고 관리하면 시간과 비용을 낭비한다. 1지구를 제대로 만들면 스스로 자급할 수 있는 식량과 목재를 생산할 수 있고 다른 지구를 만들 때 필요한 퇴비와 자재 등을 생산할 수 있어 비용이 절약되고 1지구를 관리하면서 다른 지구로 이동하기 때문에 시간 낭비를 없앤다.

작지만 집약적인 공간은 입체적이다. 시골은 땅이 넓어 굳이 아래위를 생각하지 않고 필요한 것을 평면에 늘어놓기 쉽다. 하지만 모든 공간은 높이가 있는 3차원이다. 집을 지을 때 지하 창고를 만들면 농산물 저온창고를 사지 않아도 되고 큰 과일나무 아래에 동물을 키우거나 작은 나무와 초본을 키울 수 있다. 퍼머컬처에서는 이렇게 아래, 위 공간을 겹쳐 이용하는 방식을 스태킹Stacking이라 한다. 스태킹은 비행장에 접근하는 항공기의 충돌을 방지하기 위해 아래와 위 공간으로 항공기의 항로를 설정하는 것을 말하는 항공관제 전문용어이다. 과수나무 아래에는 헤어리베치와 같이 토양에 질소를 남기고 넝쿨이라 잡초를 막으며 멀칭 재료가 되는 식물을 키울 수 있다. 벼 아래 공간에 오리가 활동하고, 논물에는 우렁이와 물고기가 살고, 닭장 밑에 퇴비장을 만들 수 있다. 모두 스태킹이다. 집약하기 위해서는 공간을 3차원으로 상상할 수 있어야 한다. 퍼머컬처에서는 공간뿐 아니라 시간도 스태킹하라고 주문한다. 한 공간을 시간에 따라 다른 농사일에 활용하는 것이다. 이를 타임 스태킹이라 하는데 윤작도 타임 스태킹인 셈이다.

스태킹을 농사 이외의 일에도 적용할 수 있다. 처음부터 잘 계획하면 텃밭은 이쁜 정원이 되어 사람들을 불러 모으고 작은 과수원은 치유센터가 되고 닭장은 체험장이 될 수 있다. 농번기에 기계와 장비를 보관하거나 비가림 작업을 하는 창고는 농한기에 교육장과 체험장이 될 수 있다. 반농반X도 타임 스태킹이라 할 수 있다. 평상시에는 농부이지만 특별한 요일에는 방과후 강사가 될 수 있다. 낮에는 농산물을 가공하고

공간을 위아래로 함께 쓰는 스태킹의 사례

▲ 집을 지을 때 한쪽에 지하창고를 만들면 전기로 동작하는 큰 냉장고를 사지 않아도 된다.

저녁에는 심야식당의 쉐프가 될 수도 있다. 공간과 시간을 나누어 쓰면 다양한 요소와 다양한 일을 집약시킬 수 있고 서로 간의 연계성을 높여 비용과 시간을 절약하고 의도하지 않은 시너지를 만들어 생산성을 높인다. 더불어 반복적인 고된 노동을 변화무쌍하고 창의적으로 만들어준다.

노동시간을 가늠해보자

농부는 자신의 노동을 비용으로 계산하지 않는다. 자영업과 유사해서 비용을 제하고 남은 돈이 곧 농부의 소득이다. 이 방식이 착각을 일으킨다. 규모를 늘리면 노동시간도 늘어나는데 이를 고려하지 않으면 배우자를 동원하고 도시의 자식을 주말에 불러들인다. 농사의 규모를 정할 때 노동시간을 가늠해보자. 노동시간이 과연 자가로 충족되는지 살펴야 한다. 그 노동시간에 임금을 적용해보자. 자가노동 임금이 농산물 수익과 비교해 많다고 생각되면 농장의 규모가 너무 크거나 농장에서 벌어지는 일이 번잡한 것이다. 농장의 규모가 적절하고 농업노동이 최적화되면 농장을 장기간 비우더라도 다른 사람의 도움을 받기도 좋다.

물려줄 것을 대비하자

언젠가 모든 토지는 다른 사람에게 물려주어야 한다. 온갖 나무와 꽃을 심고 잔디를 가꾸어도 막상 팔려고 하면 노력과 애정을 쏟은 만큼의 가치를 인정받기 어렵다.

더 안타까운 것은 농장을 떠나기 직전까지도 무언가를 만들고 부수고 무언가를 심고 뽑고 있는 자신을 발견하는 것이다. 언젠가 누군가에게 물려주어야 한다는 것을 잊지 말고 농장을 적정수준으로 완성하고 이후에는 효율적으로 관리하고 운영해야 한다. 땅이 남는다면 비워 두자. 그 땅은 물려받는 사람이 창의성을 발휘할 공간이 될 것이다. 그 다른 사람이 내 아이들이라면 더할 나위 없고.

도심으로 나가는 일을 줄여라

도로 사정이 좋아지면서 시골의 대부분 지역도 20~30분 안에 도시의 번화가에 도달할 수 있다. 그래서 시골에서도 도시민처럼 살 수 있다. 대형마트에서 쇼핑을 하고 영화를 보고 외식할 수 있다. 하지만 그만큼 생활은 번잡해지고 시간은 뚝 뚝 끊어지고 길 위에 돈을 버리게 된다. 가까운 곳에서 농사와 생활에 필요한 것을 구할 수 있어야 한다. 적절한 범위에서 되도록 많은 사람과 교류하면서 필요한 사람을 만나고 유용한 정보를 얻어야 한다. 이렇게 마을과 동네에서 사회적 관계도 다양하게 집약시켜야 한다.

다기능을 갖추어라

　무언가를 만들면 하나의 목적이 아니라 여러 가지 목적을 가지고 있어야 한다. 퍼머컬처의 8번째 원리는 '모든 요소는 다양한 기능을 가지게 하라' 이다. 연못은 물을 공급할 수 있고 동식물을 키울 수 있으며 휴식을 즐길 수 있고 불이 나면 방화수가 된다. 다양한 역할을 할 수 있는 위치에 그 역할에 맞는 구조를 갖추면 여러 개를 만들지 않아도 된다. 하천의 작은 둑은 물막이의 기능을 하지만 하천을 건너는 길이 될 수 있고 모인 물로 화재를 막고 수생식물을 키우는 공간이 될 수 있다.

　생물자원을 활용하는 퍼머컬처는 특히 식물을 중요하게 여긴다. 이는 식물이 ① 바람막이, ② 식량의 생산, ③ 연료의 공급, ④ 동물 먹이의 생산, ⑤ 토양침식의 방지와 토양의 질 개선, ⑥ 방화벽, ⑦ 구조물이 되거나 구조재의 생산, ⑧ 야생

동물의 서식처, ⑨ 미기후의 조절, ⑩ 보안과 프라이버시의 보호 등 다양한 역할을 할 수 있기 때문이다.

그래서 바람막이 숲을 만들 때 동물을 키우고 있다면 그 동물이 좋아하는 열매가 열리는 수종을 고르고 불쏘시개가 필요하면 잔가지가 많은 나무를 심고 수분을 위해 벌을 불러 들여야 한다면 벌이 좋아하는 꽃을 가진 수종을 찾아야 한다. 그러면 이 방풍림은 바람도 막지만 다른 기능도 하게 된다. 식물이 다양한 역할을 하게 하려면 식물에 대한 특성을 잘 알고 있어야 한다. 그런데 이러한 정보가 어딘가에 모여있어 쉽게 쓸 수 있으면 좋으련만, 안타깝게도 그렇지 못하다. 조각난 정보를 모으거나 관찰을 통해 얻어야 한다. 다음과 같은 정보를

〈표 2-2〉 알고 있으면 도움이 되는 식물의 정보

구분	유용한 정보
형태	수명(다년, 일년), 습성(상록, 낙엽), 모양(교목, 관목, 넝쿨),
내성	기후대(열대, 아열대, 온난, 건조), 햇빛 적응(음지, 양지), 서식지(습지, 건조지, 고도), 토양 조건(모래, 양토, 암석질), PH(산성, 염기성)
용도	식용, 치료용, 사료, 토양개선과 토양보전, 섬유, 연료, 구조재, 야생동물의 서식처, 벌꿀의 먹이

알고 있으면 요긴하다.

동식물과 같은 생물자원뿐 아니라 창고, 온실, 축사 등의 구조물을 만들 때도 다기능을 넣어야 한다. 창고의 다락은 아이들의 아지트가 될 수 있고 온실의 볕이 잘 드는 구석을 꾸미면 멋진 서재가 되고 집에서 나오는 하수를 온실과 연결해 자연 하수처리장을 만들 수도 있다.[16] 축사의 지붕에는 넝쿨성 작물이 자라게 할 수 있고 태양광 패널을 설치해 에너지를 생산할 수 있다. 한 가지 요소에, 작은 공간에도 다양한 기능을 넣으면 그만큼 규모는 작아지고 집약된다.

---

16. 온실을 이용한 생태적인 하수 처리 시스템을 리빙머신(Living Machine)이라 한다. 이 시스템은 버지니아 주 샬로츠빌에 본사를 둔 L3C Living Machine Systems에 의해 상용화되었다. 하수의 체류 시간이 충분히 늘어날 수 있도록 이중 수조를 효율적으로 배치하고 식물과 미생물을 활용해 하수를 처리한다. 다 자란 식물은 퇴비의 재료로 활용한다. 처음에는 영국의 핀드혼 생태마을과 같은 곳에서 사용했지만 공공기관, 리조트 단지 등 규모가 큰 시설에도 적용되었다.

맥가이버가 되어야 한다

도시 생활은 편리하지만 스스로 무언가를 할 수 있는 능력을 잃게 한다. 어렸을 때 서울에 살면서 어머니는 재봉틀로 식구들의 잠옷을 만들었고 대부분의 옷 수선도 해결했다. 아버지는 간단한 집수리, 전기배선을 하고 작은 가구는 만들어 쓰셨다. 할머니는 90세까지 사셨는데 70세가 넘어서도 닭장을 만들어 닭을 키우고 사과나무를 심어 가꾸었다. 도시에선 지갑에서 돈을 꺼내기만 하면 많은 일을 해결할 수 있지만 귀향하면 그렇지 않다. 멀리 나가야 무언가를 살 수 있고 출장수리나 애프터 서비스를 요청하는 경우 비용이 만만치 않다. 시골로 오기 전에 미리 맥가이버가 되어야 한다.

우선 집부터 다기능으로 만들자

집부터 다기능을 장착해야 한다. 집은 가장 많은 시간을 보내는 곳이고 다양한 일이 시작되는 곳이기 때문이다. 그래서 집을 짓거나 고칠 때 여러 기능을 할 수 있게 계획해야 한다. 부엌은 식품가공 시험장이 되기도 한다. 잼을 만들고 병조림을 하고 각종 김치와 장아찌를 만든다. 아파트식 부엌은 이럴 때는 불편하다. 부엌에 달린 문을 나가면 외부 부엌이 있는 것이 좋다. 이 외부 부엌은 마당에서 손님들과 식사를 할 때도 요긴하게 쓰인다. 집의 남쪽 벽을 활용하여 온실을 만들면 좋다. 집 벽을 활용하기 때문에 돈이 덜 들고 단열에 도움이 된다. 이 온실에서 모종을 낼 수 있고 각종 채소를 겨울 동안 먹을 수 있다. 이렇게 집을 우선 활용해야 한다.

내 것을 마을과 동네에 내어주자

다기능을 사회적으로 풀어 쓰면 '공유'라는 말이 된다. 내 것을 다른 사람이 쓰는 것이 공유이다. 귀향 생활에서는 필수적이다. 우리 동네엔 공유 트럭이 있다. 귀농인의 자동차인데 누구나 운전할 수 있는 보험을 들고 필요한 사람들에게 빌려준다. 심지어 트럭임에도 오토매틱 기어라 여성도 빌려 쓴다. 다른 이는 읍내 가는 일을 공유한다. 읍내에 나가기 전에 마을을 한 바퀴 돌면서 혼자 사는 어르신들이 필요한 것을 주문을 받아 심부름한다. 우리 옆 동네 청년은 농장의 입구에 벤치를 두었다. 집 앞 도로가 좁아 차를 피해 쉴만한 곳이 없어 할머니들이 문 앞에 쪼그려 앉아 쉬더란다. 이렇게 거실이 술집이 되기도 하고 옆집 방이 내 손님방이 되기도 한다. 우리 동네의 카페는 심야에 청년들의 클럽이 될 때도 있다. 이렇게 내 것을 내주면 남의 것도 내 것이 된다. 그런 곳이 로컬리티가 살아있는 곳이고 귀향을 권하는 이유이다.

중요한 기능은 중복하라

어렸을 때 봄 학기 시작되기 전 서울 종로의 백화점에서 학교생활에 필요한 것을 사곤 했다. 문제는 백화점 근처에서 선량한 학생의 돈을 뺏는 불량배를 만나는 것이었다. 그래서 돈을 여기저기 나눈다. 되도록 지갑에는 조금 넣고 신발 안창, 허리띠 뒤, 가방의 깊숙한 주머니 등등. 그래야 지갑의 돈을 뺏앗기고 몸수색을 당하더라도 돈을 지킬 수 있었다. 이렇게 하는 것이 '중요한 기능은 중복하라'는 퍼머컬처의 원리이다.

적절한 규모에 다양한 요소를 집약하되 중요한 기능이 충족될 수 있도록 해야 한다. 더 나아가 여러 방편으로 이 기능을 지원할 수 있도록 해야 한다. 그래야 예측하지 못하는 재난을 막고 불확실성을 줄일 수 있다. 농장에서 무엇보다 중요한 것은 물의 공급, 즉 수자원의 확보이다. 대개 시골에서는 지하수를 활용한다. 하지만 어느 날 갑자기 그 지하수 관정에서 오염물질이 섞여 나오면 난감해진다. 그래서 지하수 이외에 다른 방법으로 물을 공급할 수 있도록 대비해야 한다. 저수지, 연못, 수로를 만들고 지붕으로 떨어지는 빗물도 모아 놓아야 한다. 에너지도 마찬가지이다. 생활에 필요한 모든 에너지를 한두 가지 자원에 의존하는 것은 바람직하지 않다. 에너지는 사용하는 용도에 맞추어 주변의 자원을 쓸 수 있다. 취사를 위해 장작 곤로를 쓸 수 있고 분뇨를 발효하여 메탄가스를 만들어 쓸 수도 있다. 농촌의 경우 난방을 위해 기름보일러를 주로 사용하는데 단열이 부족한 집에선 기름 사용량이 만만치 않다. 단열을 보강한 후 벽난로, 장작 난로 등을 활용할 수 있고 온수는 태양열로 해결할 수 있다. 기름 사용량을 줄일 뿐 아니라 보일러가 고장이 나거나 기름을 구할 수 없는 상황에 대처할 수 있다.

구들을 놓고자 하는 사람들이 많다. 구들은 좋은 난방시스템이다. 실내에서 무언가를 연소시켜 열을 만들면 산소를 소비해 환기가 필요하고 열 손실이 일어난다. 벽난로가 그러하다. 하지만 구들은 불을 때는 곳과 생활하는 곳이 분리되어 있

▲ 구들은 효과적인 난방장치이다. 구들을 놓는 장소를 잘 정하면 여러가지 기능을 접목할 수 있다. 사진은 전분 진안군 성수면 최숙영씨 본가 구들 시공 모습.

고 구들장이라는 돌을 데우기 때문에 온기가 보전되며 취사를 겸할 수 있어 이보다 더 좋은 난방방식은 어디에도 없다. 구들은 놓는다면 어디에 놓으면 좋을까. 이 질문을 하면 흔히 손님방이라 한다. 왜 좋은 것을 손님 몫으로 하나. 가장 좋은 공간은 부엌이다. 부엌에 구들장을 놓고 바깥에 아궁이를 설치하여 연결한다. 아궁이가 있는 공간은 처마를 내고 외부 부엌을 만들어도 좋다. 혹시라도 곤궁해지면 온 식구가 부엌을 원룸 삼아 생활하면 된다. TV와 컴퓨터를 옮기고 가족이 한 이불을 덮고 3~4개월을 사는 거다. 100~200만원은 넉넉히 절약된다. 난방이라는 중요한 기능을 구들로 중복적으로 대비하고 부엌에 다기능을 넣으니 불확실성에 대응하게 된 것이다.

가장 중요한 건 식량이다

버는 것보다 덜 쓰는 것이 더 중요하고 쉽다. 귀향의 장점은 내가 필요한 것을 내가 생산할 수 있다는 것이다. 자급할 규모의 논농사를 짓는다면 주식이 해결되니 좋다. 하지만 그럴 형편이 되지 않는다면 대체할 다른 작목을 생산해야 한다. 보리와 밀과 같은 잡곡, 감자와 고구마, 옥수수, 콩 등을 경작하면 좋다. 더 나아가 마당 한편, 1지구에 갖가지 과일나무를 1~2그루만 심으면 제철 과일을 마음껏 먹을 수 있다. 돈 버는 농사만 생각하지 말고 먹는 농사를 꼭 지어야 한다. 먹을 수 있는 것을 중복해 마련해야 한다.

생산-가공-판로를 다중으로 연결하라

강원도의 한 마을은 감자가 주산물이다. 그런데 감자는 3년 이상 농사를 지으면 지력을 잃어 수확량이 떨어진다. 이 마을의 감자밭은 3년에 한 번씩 콩밭이 된다. 이 마을에는 감자 저온창고가 있고 메주 작업장이 있다. 감자와 콩의 윤작과 저온창고, 가공시설이 연결되어 있다. 감자와 콩의 시장가격이 하락하더라도 저장하거나 가공하여 대비할 수 있다. 팔아야 하는 농사를 한다면 작목에 최대한 다양성을 확보한 후 가공, 유통을 다양하게 연결하면 좋다. 즉 팔기 위한 다양한 방식을 중복시켜야 한다.

다양한 활동과 모임에 참여하자

유럽의 농촌을 공부한 전문가가 유럽의 농촌주민은 보통 30개가 넘는 지역조직에 가입하고 있다는 이야기를 듣고 이상하게 생각한 적이 있다. 그런데 농촌에 살다보니 내가 가입한 우리 동네 SNS 모임방만 10개가 넘는다. 경제활동을 도모하는 곳도 있고 취미생활이나 단순한 친목을 위한 모임도 있다. 가입한 협동조합도 10개 이상 된다. 그 속에서 동네 소식도 듣고 유용한 정보도 얻는다. 마음 따뜻한 친구들을 만나고 돈과 상관없이 재미있고 보람있는 일도 한다. 동네의 다른 이들도 그러하니 이런저런 모임에 같이 속한 교집합 친구들이 많다. 로컬리티는 그렇게 만들어진다. 귀향하면 사회적 관계도 중복시켜야 한다.

3 이제 귀향을 디자인하자

반농　　　반X

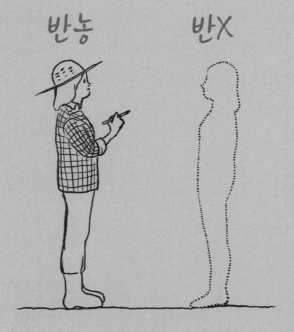

귀향디자인은 크게 네 단계로 구성되어 있다. 첫 번째는 X를 찾는 단계이다. 행복한 새로운 삶을 이끌어 줄 일을 찾는 과정이다. 이를 위해 과거를 돌아보고 미래를 상상하며 본능을 탐색하게 될 것이다. 두 번째 단계는 다운시프트이다. 새로운 삶을 위한 미래의 소박한 목표를 정하게 될 것이다. 이 과정을 통해 돈에 대한 집착을 없애야 한다. 세 번째 단계는 X의 디자인이다. 다운시프트의 재무적 목표에 맞추어 X의 비중을 정해야 한다. 물론 X는 한 개 이상이 될 수도 있다. 마지막 단계는 농의 디자인이다. 농사의 적절한 목표와 규모를 정해야 한다. X와 농사가 하모니를 이루며 다운시프트를 달성해야 한다. 이제 시작해보자.

본능으로 'X' 찾기

인생그래프를 만들어보자.[17] 지난 삶을 돌아보는 그림인데 그리고 나면 무언가 느껴지는 것이 있다. 우선 인생에 있어 좋았던 일 7가지 Best 7, 나빴던 일 7가지 Worst 7를 찾아보자.

좋았던 일, 나빴던 일을 생각나는 순서대로 적으면 된다. 시간순으로 정리해 적을 필요는 없다. 사건이라고 표현한 것은 어떤 기간을 적는 것이 아니라 특정한 시점에 일어난 일을 적는다는 의미이다. 즉, '대학 다닐 때'가 아니라 '대학 합격', '대학 3학년 낙제', 혹은 '첫째 출산', '교통사고' 등으로 구체적인 일이 되어야 하고 시점이 특정되어야 한다. 굳이 생각나지 않으면 7개를 채우지 않아도 된다. 4개 이상을 채우면 다음 단

17. 이 인생그래프는 귀농교육 프로그램의 도입부에 활용했었다. 이 인생그래프는 퍼실리테이터인 링크컨설팅의 주현희 대표가 주식회사 이장의 팀장 시절에 제안했다.

〈표 3-1〉 내 인생의 best 7

	사건	나이	점수
①			
②			
③			
④			
⑤			
⑥			
⑦			

계로 가는 데 문제 없다. 사건이 기록되면 그 당시 나이를 옆에 적으면 된다. 30대 초반, 40대 중반, 이렇게 쓰지 말고 32세, 46세 등 정확한 나이로 기록하면 된다. 점수는 0점에서 10점까지 쓰면 된다. 적어 넣은 사건 중에 가장 좋았던 일을 +10으로, 가장 나빴던 일을 −10으로 적고 나머지 일에 상대적인 점수를 주면 된다. 동점을 주는 것도 가능하다.

〈표 3-2〉 내 인생의 worst 7

	사건	나이	점수
①			
②			
③			
④			
⑤			
⑥			
⑦			

이제 그래프를 그려보자. <그림3-1>의 그래프에 살아온 인생을 그려볼 것이다. X축은 시간, 즉 나이이고 Y축은 점수이다. X축의 길이는 자신의 나이에 맞게 조정해도 좋다.

이제 Best 7, Worst 7의 특정 사건에 대해 X축에 나이, Y축에 점수를 찾아 점을 찍으면 된다. 좋은 일은 X축의 위에, 나빴던 일은 X축의 아래쪽에 배치한다. 그러면 <그림3-2>같이

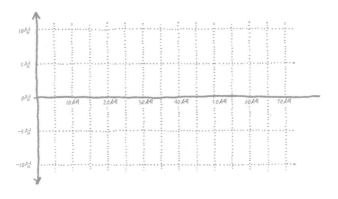

〈그림3-1〉 인생그래프

될 것이다.

　다음은 점들을 연결한다. 시간 순서에 따라 부드럽게 선을 그려 연결한다. 아래와 같이 될 것이다. 주의할 것은 좋은 일은 좋은 일끼리, 나쁜 일은 나쁜 일끼리 연결하지 않아야 한다. 시간순으로 좋은 일과 나쁜 일의 점들을 연결해야 한다. 즉, 시간순으로 일어난 일이면 X축 위아래를 연결해야 한다. 다 그려진 그래프는 <그림3-3>과 같이 된다. 미래에 벌어진 희망사항을 그래프에 그려도 좋다.

　인생그래프를 전체적으로 음미해보자, 좋았던 일은 어떤

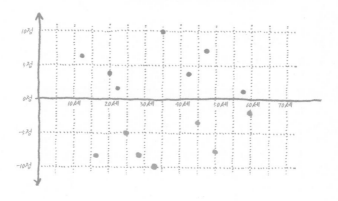

것이었는지, 나빴던 일은 어떤 것이었는지, 그때 어떤 생각을 했는지, 좋았던 일과 나빴던 일 사이에 무슨 일을 하며 어떤 마음으로 살았는지. 40대 이하의 친구 중에는 이 그래프가 굴곡이 없이 밋밋할 수도 있다. 잘 살았다는 이야기이다. 대부분은 인생의 정점과 바닥을 오르락내리락한다. 평범하게 살았다고 생각한 사람도 오르막과 내리막이 있었다는 것을 알게 된다. 밋밋한 삶보다 의미있는 삶은 아니었을까.

이 그래프를 그려본 사람들의 공통적인 생각은 이러하다. 첫째, 올라가면 반드시 내려가더라. 그러니 겸손하게 살아

〈그림3-3〉 점을 연결한 인생그래프

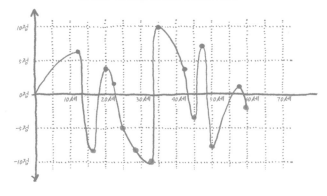

야 한다. 둘째, 아무리 바닥이어도 다시 올라가더라. 그러니 절망할 필요는 없다. 셋째, 좋았던 일은 다시 생각해도 여전히 좋더라. 넷째, 좋지 않았던 일은 그때만큼 심각하게 나쁘지 않더라. 나쁜 일은 지나가면 다 견딜만한 일이었다. 다섯째, 현재는 아무리 나빠도 과거의 제일 나빴던 것만큼 나쁘지 않더라. 그러니 이제부터 어떻게 살 것이냐가 중요하다. 다 맞는 말이다.

이제 다음 단계로 가보자. 과거로부터 미래를 상상하자. 이제까지 살면서 가장 행복했던 순간, 세 가지 장면을 찾아보자. 장면이라고 표현을 한 것은 마치 영화의 한 컷 같은 순간

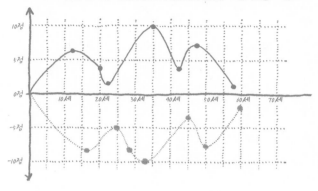

〈그림3-4〉 좋은 일, 나쁜 일끼리 연결한 잘못 그린 인생그래프

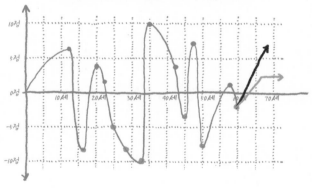

〈그림3-5〉 미래의 희망을 그린 인생그래프

을 찾기 위한 것이다. 즉, '가족들과 단란했던 어린 시절'이 아

니라 너무나 먹고 싶었던 불고기를 처음 먹고 '불고기가 인생

메뉴가 된 그 날의 식탁'으로 적어야 한다. 이렇게 행복했던

〈표 3-3〉 과거와 미래의 행복한 장면 찾기

구분	과거의 행복했던 장면
①	
②	
③	

구분	상상하는 미래의 행복한 장면
①	
②	
③	

장면 세 가지를 기억해 써보자. 이어 행복한 미래를 생각할 때 떠오르는 장면 세 가지를 상상해보자. 어느 날 문득문득 생각해본 적이 있을 것이다. 나는 따뜻한 햇볕이 부딪히는 담장 아래에서 새끼줄을 꼬고 있는 장면을 자주 상상한다. 이렇게 과거, 미래의 행복한 장면을 정리해보자. 인생그래프를 다시 음미하면 쉽게 표를 채울 수 있다.

이 표에 행복한 삶의 힌트가 숨어있다. 이 힌트를 찾아야 한다. 청년들에게 이 표를 만들어보자 했더니 미래의 상상에 '10억짜리 건물의 건물주가 된 날'이라고 적은 친구가 있기는 하지만 대부분 어떤 것을 이루어 낸 장면이 아니라 이루어 내고 난 뒤 그 기쁨을 만끽하고 있거나 누군가와 그 기쁨을 나누고 있는 장면을 적는다. 예를 들어 생애 처음 집을 계약한 장면이 아니라 혼자 그 집에서 어디에 어느 가구를 놓을까 집을 이리저리 둘러보는 장면 혹은 그 집으로 이사하기 위해 온 가족이 이사짐을 싸는 장면을 적는다. 취업 합격자 발표를 컴퓨터 화면으로 본 장면이 아니라 혼자 몇 분 동안 피식피식 웃고 있는 장면이나 합격했다고 엄마에게 전화하는 장면을 적는다. 아예 이루어 낸 무언가가 없는 경우도 많다. 여유가 있는 시간을 만끽하고 있는 장면, 여행을 가서 가족과 함께 멋진 경관을 보는 장면, 마음을 나누는 친구들과 봉사를 하는 장면 등등.

행복 심리학자 서은국은 그의 책 「행복의 기원」에서 '행복은 기쁨의 강도가 아니라 빈도'라 했다. 그는 사람은 행복하기 위해서는 사는 것이 아니라 생존하기 위한 활동에서 기쁨을 느껴야 한다고 주장한다. 그래서 무언가를 달성하여 '한 방'에 행복해질 수 없으며 소소한 즐거움이 지속적으로 유지될 때 행복하다는 것이다. 서은국은 행복은 의외로 가까운 곳에 있다며 사랑하는 사람과 맛있는 음식을 먹을 때 가장 큰 행복을 느낀다 말한다.[18] 결국, 행복은 앞서 정리한 과거의 추억과 미래의 상상으로 만들어 본 행복한 장면이 자주 일어나게 하면 될 것이다. 우리는 지금 반농반X의 X를 찾는 중이다. 이제 본격적으로 행복을 이끌 X를 찾자. 시오미 나오키는 X는

18 그의 행복론은 철학이 아니라 생물학에 기반을 두고 있다. 생존을 위해 본능적으로 우리가 즐거워 할 수 있는 가장 행복한 사건은 두 가지에서 일어난다고 한다. 음식 그리고 사람. 「행복의 기원」, (서은국, 21세기북스, 2014)

사람 수만큼 다양하다 했다. 반농반예술, 반농반요리, 반농반교사, 반농반시민단체활동가 등등. 그러나 나의 X를 찾는 건 쉽지 않다. X의 조건을 찾아보자. 첫 번째, 좋아하고 하고 싶은 일이어야 한다. 즉 본능과 연결되어 있어야 한다. 두 번째, 사랑하는 사람을 위한 일이어야 한다. 가족의 생계를 책임져야 할 수도 있고 배우자를 위한 일이 될 수도 있다. 세 번째, 사회에 공헌하는 일이어야 한다. 사회공헌이라 해서 대단한 일을 해야 하는 것은 아니다. 이웃과 함께 나눌 수 있는 일, 나보다 못한 처지에 있는 사람들을 도울 수 있는 일, 아무도 하지 않지만 누군가가 해야 하는 일 등을 주변에서 찾으면 된다. 세 번째 조건이 중요한 이유는 내가 아니라 다른 사람을 위해 무언가를 했을 때 느끼는 행복은 비교할 수 없이 크며, 내 주변을, 사회를 조금씩 바꾸지 않으면 내 행복도 이루어질 수 없기 때문이다. 다음의 <표3-4>를 채워보자. 앞으로 하고 싶은 일을 적어보는 것이다. 내가 하고 싶은 일, 가족을 위해 하고 싶은 일, 사회를 위해 하고 싶은 일. 이 표는 과거와 미래의 행복한 장면을 되새김하면서 작성해야 한다. 그래야 행복에 더 빨

〈표 3-4〉X찾기 위한 표

구 분	내 용
	①
내가 하고 싶은 일	②
	③

구 분	내 용
	①
가족을 위해 하고 싶은 일	②
	③

구 분	내 용
	①
사회를 위해 하고 싶은 일	②
	③

리 다가갈 수 있다.

　이 세 가지를 한 번에 달성할 수 있는 일이 있다면 최선이 될 수 있다. 하고 싶은 일이 가족도 행복하게 하고 사회에도 도움이 되는 일이 있다면 말이다. 이런 경우는 흔치 않다. 하지만 가장 근접한 일을 찾아보자. 내가 하고 싶은 일 ①번을 하면 가족을 행복하게 할 수 있을지, 사회에도 도움을 줄 수 있을지 판단해본다. 그렇게 내가 하고 싶은 일 ②번과 ③번도 같은 식으로 생각해본다. 내가 하고 싶은 일 세 가지 중에 가족의 행복과 사회공헌의 가능성이 가장 큰 일이 X일 것이다. X가 두 개가 될 수도 있다. 내가 하고 싶은 일이지만 다른 조건을 충분히 충족시키지 못한다면 추가적인 X를 선택할 수 있다. 즉 아주 좋아하는 일은 아니어도 기술이나 경험이 있어 가족이나 사회에 도움이 되는 일이 두 번째 X가 될 수 있다. 향후 귀향하여 이 2개의 X를 통합하거나 조화를 도모하면 된다. 물론 3개, 4개를 찾아도 되지만 많다고 좋은 것은 아닐 것이다. 부디 X를 찾았기를....

다운시프트 디자인

X를 찾았다면 다운시프트에 도전해보자. <표3-5>를 작성한다. 과거는 실제적인 내용으로, 미래는 예측하거나 계획하면 된다. 청년들과 이 표를 작성해봤더니 60대 이후에 어떤 것도 적지 않았다. 아니 적지 못했다. 아마도 60세 이후에 대해서는 상상해 본 적이 없었나 보다. 1960년대 평균수명이 52세였으나 2010년대에 들어 80세를 넘어섰다. 이제 60평생이 아니라 100세 인생을 살아야 하는 시대가 된 것이다. 60세 너머의 삶을 구체적으로 상상해야 한다. '인생나이'라는 계산법이 있다. 일본에서 시작한 방법인데 장수시대를 반영해서 현재의 나이에 0.7을 곱하면 그 나이가 인생나이이고 그 나이처럼 살라는 계산법이다. 예를 들어 50세라면 0.7을 곱해 35세가 인생나이이고 35세처럼 새로운 일에도 도전하고 열정적으로

〈표 3-5〉 인생의 성과와 목표 정하기

시기	20-30대	30-40대	40-50대	50-60대	60-70대	70대 이후
돈을 벌기 위해 하는 일						
돈과 상관없이 하고 싶은 일						
돈을 벌기 위해 일하는 시간(1일)	시간	시간	시간	시간	시간	시간
연간 수입	원	원	원	원	원	원
자산 (동산)	원	원	원	원	원	원
자산 (부동산)	평	평	평	평	평	평
마음을 터놓는 친구 수*	명	명	명	명	명	명

* 마음을 터놓는 친구 수는 다음 단계로 가는 중요한 항목은 아니다. 하지만 한 번 곰곰이 생각해보자. 나이가 들면서 마음을 터놓는 친구가 줄어든다면 바람직하지 않다. 이 숫자를 늘리기 위해 다른 항목의 목표를 조정하기를 권한다.

살라는 것이다. 그런 생각으로 앞으로 나의 미래를 상상해보
자.

이 표를 작성하면 나의 진짜 직업은 무엇일까 하는 생각
이 든다. 아마도 한 가지 일만 하면서 평생을 사는 사람은 많
지 않을 것이다. 한 가지 직업으로 정년까지 일한 사람도 이후
에는 다른 일을, 자신에게 맞는 일을 찾아 새로운 삶을 시작한
다. 그렇게 보면 30대, 40대에 내가 가졌던 직업은 60대에, 70
대에 나의 진짜 일을 찾기 위한 긴 과정 중의 하나일 수 있다.

귀향디자인의 다음 단계로 넘어가기 위해 중요한 건 연
간 수입을 정하는 일이다. 생애주기와 자산 상황을 맞추어 벌
어야 하는 돈의 한도를 정해야 한다. 그렇지 않으면 돈에 노예
가 될 수 있다. 가장 우려스러운 것은 자녀의 미래를 위해 내
현재의 행복을 저당 잡히지 않아야 한다. 그건 자녀도 원하는
것이 아니다. 자녀도 나이가 들어도 좋아하는 일을 열정적으
로 하면서 행복하게 사는 그런 부모를 원할 것이다. 서민의 재
무컨설팅을 하는 에듀머니는 자식의 문제를 부모 세대가 온
전히 감당하지 말 것을 주문한다. 20세 성년이 되었다면 가족

의 재무상황을 아이들과 공유하고 분담할 수 있는 부분에 대해 역할을 나누어 맡아야 한다는 것이다.[19] 그래야 자녀들도 경제에 대해 건강한 생각을 가지게 되고 가족 모두가 돈으로부터 자유로운 행복을 찾을 수 있다는 것이다. 이러한 점을 고려해서 지나치게 자녀들을 위해 무언가를 해야 하고 남겨놓아야 한다고 생각하지 않았으면 좋겠다. 물려주어야 한다면 돈이 아닌 다른 것이면 어떨까. 우리나라에서 가업을 잇는 일은 드물다. 농사를 포함해서 작은 회사, 작은 가게는 부모 스스로 자식에게 물려주려고 하지 않았다. 최근 이런 생각은 조금씩 변하고 있다. 일자리를 얻기 어렵고 취업해도 조직 내에서 경쟁이 치열해 부모로부터 일을 배우는 청년들이 늘어나고 있다.[20] 한 사람의 인생 경험이 켜켜 쌓인 가업을 다시 생각하게 된다. 나의 X가 자녀들의 X가 될 수 있다. 돈을 많이 남겨준다고 자녀들의 행복이 보장되는 것은 아니다.

19. 사회적기업 ㈜에듀머니의 대표였고 국회의원을 한 제윤경의 말이다. 『불행한 재테크 행복한 가계부』(티비, 2007), 『아버지의 가계부』(부키, 2012.) 등의 책을 썼다.
20. 『가업을 잇는 청년들』에서 확인할 수 있다. (백창화, 장혜원, 정은영 저, 남해의봄날, 2013.)

X의 디자인

이제 본격적으로 X를 디자인해보자. <표5>를 채워야 한다. 이 표는 다운시프트 디자인과 연계되어 있다. <표 4>의 연간 수익을 옮겨놓고 시작한다. 이 표는 이렇게 작성해야 바람직할 것이다.

① 목표 연수익은 조금씩 줄어들어야 한다. 나이가 들면 노동력이 똑같이 유지되지 않을 것이며 자본소득의 증가나 연금으로 노동소득을 줄일 수 있을 것이다. 무엇보다도 조금씩 다운시프트해야 한다.
② 돈만을 위한 일은 처음부터 0%를 만들기 어렵다면 조금씩 줄여나가야 한다. 내 본능을 억제하면서 시간과 에너지를 써야 하는 일은 줄이거나 없애는 것이 우리 목표임을 잊지

말자.

③ X1은 본능에 가까운 일이며 행복을 느끼는 일이다. 이 비율은 점차 늘어야 한다. 물론 초기에는 0%이어도 상관없다. 단, 이 시기는 X를 위해 내 재능과 역량을 키우는 시간이 되어야 한다.

④ X2는 내게 어느 정도 재능과 기술이 있어서 귀향하여도 일정 수준의 수익을 낼 수 있는 일이다. 물론 X1으로 충분하다면 X2가 꼭 있어야 하는 것은 아니다. 예전의 하던 일이거나 그와 관련된 익숙한 일일 수 있다. 삶터를 옮겨 예전에 하던 일을 그대로 하는 것이 어렵거나 그 일이 의미가 없다면 새롭게 X2를 찾아야 한다. X2는 다른 항목의 비율에 맞추어 조정될 것이다. 또, 시간에 따라 줄어들어야 하지만 꼭 '0'이 될 필요는 없다. 물론 X3, X4가 있을 수도 있다.

⑤ 농사는 처음에는 0% 혹은 적은 비율이었다가 조금씩 늘리고 나중에는 적정비율을 유지하는 것이 바람직하다. 목표수익이 줄면 비율은 일정해도 농사 규모는 줄어들 것이다. X가 뒷받침해준다면 육체의 노화에 따라 농사 규모도 줄

여야 한다.

　귀향하면 과연 X1과 X2를 찾는 것이 가능할까. X의 가능성은 '아름아름 경제'에서 나온다. 아름아름 경제는 사회적경제의 개념을 모를 때 내가 썼던 말이다.[21] '무한경쟁', '규모의 확대', '불특정 다수를 대상으로 하는 마케팅' 등을 전제로 한 경영방식을 쓰지 않는 많은 경제활동이 존재했고 특히 지역에는 그런 건실한 작은 가게, 회사들이 있었다. 아름아름 원재료를 조달하고 아름아름 직원을 구해 가족처럼 일하고 고객도 아름아름 찾아낸다. 그래서 아름다웠다. 그래서 붙인 이름이다. 우리 동네에는 '서쪽 숲의 네발요정이 내린 커피'라는 카페가 있다. 내막도 있지만 이름이 길어 우리는 그냥 '네발요정'이라 부른다. 이 카페의 주인은 우리 동네의 마당발이다. 크고 작은 문제에 나서고 여러 부류 사람들의 어려움에 발 벗고 도와준다. 그래서 불

---

21. '로컬푸드로 아름아름경제, 지역순환경제를', 임경수, 「작은 것이 아름답다」, 2009년 3월호

〈표3-6〉X의 디자인

시기	벌어야 하는 연수익	목표 연수익을 달성하기 위한 비율			
		돈만을 위한일	X1	X2	농사
1년					
2년					
3년					
3년~5년					
5년~10년					
10년~15년					
15년~20년					

편하게 생각하는 사람도 있지만 수시로 이 카페에서 동네 주민의 작은 회의가 열리고 우리 동네로 견학 오는 사람들이 들른다. 동네 SNS에서 올라오는 공동구매 농산물이 맡겨졌다가 찾아가는 곳이고 인디밴드의 콘서트가 열리기도 하며 갑자기 일자리를 잃은 청년들의 아르바이트 공급처이고 놀 곳이 없는 청년들을 위해 영업시간 이후에 클럽으로 변신하기도 한다. 내가 보기에 그 주인장은 카페에서 자신의 마당발 본능을 충분히 발휘하고 있다. 그래서 아름

아름 장사가 된다. 그 인근에는 또 다른 카페 '오손도손 멜로디'가 있다. 이 카페의 주인은 음악을 전공한 작곡가이다. 외형적으로 음악을 듣고 음악 이야기를 나누는 카페이지만 여기저기 여러 대의 피아노가 있다. 이 카페의 사장은 우리 동네 음악 선생님이다. 학원의 원장이 아니라 선생님이다. 진도에 맞추어 피아노 책을 떼는 것이 아니라 음악을 배우는 사람과 그 목적에 내용을 맞춘다. 초등학생, 밴드를 하겠다는 중고생, 본능을 찾고자 하는 어른 등등. 또 동네 합창단도 지도한다. 본능이 전공이 되었고 그 전공이 귀향생활의 X가 된 좋은 사례이다. 수익을 내기 위한, 돈을 벌면 규모를 늘리는 일반적인 자영업의 운영방식과 이 가게들은 다르다. 이 지점에서 귀향했을 때 X의 가능성이 생긴다. 아름아름 경제는 무자비한 경쟁에 내몰리는 일을 드물고 높은 수준의 전문성이 지속성을 좌우하는 절대적인 기준이 되지 않는다.

우리 동네를 견학한 서울 청년들에게 여기 살면 어떨 것 같냐고 물어보았더니 이런 답들이 나왔다. '무엇을 살 때 어디에 가야 하나 고민하지 않아도 될 것 같아요', '무엇을 살 때 속는 일은 없을 것 같아요', '기술이 부족해도 공부하면서 무언가를 시작해도 될 것 같아요' 그리고 한 청년이 아버지 이야기를 했다. 자신의 아버지가 서울에서 작은 장사를 하시는데 항상 스마트폰을 비싼 현금을 주고 동네 가게에서 사는 것을 보고 인터넷으로 저렴하게 사드리려 했더니 내가 그 사람의 물건을 제값 주고 사야 그 사람도 돈을 벌어 내 물건을 제값을 주고 살 수 있는 거라며 동네에서는 그렇게 살아야 한다고 말씀하더란다. 그때는 그 말을 이해하지 못했는데 우리 동네를 와보니 이해가 간다고 했다. 로컬리티가 만드는 아름아름 경제는 X의 가능성을 높인다.

X2는 어떨까. 우리 동네에는 「완두콩」이라는 월간지를 만드는 출판사가 있다. 이 출판사의 대표는 전직 지방신문 기자이다. 내가 완주커뮤니티비지니스 센터의 센터장일 때 귀농교육을 받았다. 아마 지방신문 기자로서의 스트레스가 귀농의 계기가 되었을 것이다. 무작정 농사를 지어보겠다고 하길래 농사라는 것이 그렇게 만만하지 않으니 잘 할 수 있는 일을 시작하되 큰돈은 아니어도 안정적인 일자리를 얻는 것이

▶ 시골 매거진 「완두콩」. 나쁜 소식이나 남을 비방하는 기사는 싣지 않는다. 지역의 훈훈한 이야기와 유용한 정보를 얻을 수 있는 월간지이다.

좋겠다며 마을사무장을 추천했다. 마을사무장은 체험마을, 휴양마을 등에 고용되어 마을의 각종 서류작업, 회의 진행, 방문객 응대 등을 책임지는 일을 한다.[22] 그는 마을사무장을 하게 되었고 기본적인 생계를 유지하면서 월간지를 만드는 출판사를 협동조합으로 만들어 이제는 수명의 정규직이 일할 정도로 키웠고 농사도 짓는다. 그에게 X2는 마을사무장이었다.

옆 동네 정읍에는 '디자인 칸'이라는 회사가 생겼다. 39세

---

22. 정부가 마을에 사무장을 고용할 수 있도록 예산을 지원하고 마을에서 일부 활동비를 추가하여 고용한다. 2001년 새농어촌건설운동으로 상금을 받는 강원도 화천군 신대리에 제안하여 이 마을이 우리나라 최초로 사무장을 고용했었는데 이제 농촌 마을의 보편적인 정책이 되었다. 마을사무장이 수월한 일은 아니다. 마을의 온갖 허드렛일을 해야 하고 방문객이 많은 마을은 평일, 주말 없이 일하기도 한다. 하지만 그만큼 보람도 있고 농촌을 빨리 배울 수 있다.

이하의 청년들이 만든 디자인회사인데 비영리단체의 디자인 컨설팅을 하고 공동체 회사의 상품패키지를 만들고 디자인 인력을 양성한다. 이 회사의 대표는 이 지역의 미술학원 원장이었다. 정읍에서 매년 120년 정도의 학생들이 디자인 관련 학과로 진학을 하지만 공부를 하고 돌아오면 지역에서는 마땅히 그들을 위한 일자리가 없더란다. 그런데 지역의 단체, 회사, 마을이 디자인이 필요할 때 인근의 큰 도시인 전주의 회사나 심지어 수도권에 있는 회사에 맡기는 것이었다. 그래서 청년 디자이너를 이러한 일감과 연결하면서 회사를 시작했다. 처음에는 정읍시청의 일을 하지 않았는데 시청도 이 회사의 존재를 알게 되었고 작은 일부터 시작하여 신뢰가 생기니 이제 여러 가지 시청 일도 하고 있다고 한다. 이렇게 지역도 변해 X2의 가능성이 점점 커지고 있다.

최근에는 행정의 역량만으로 지역의 모든 일을 해결할 수 없어 행정이 했던 일에 민간의 도움을 받거나 아예 민간의 유연성, 창의성으로 해결할 수 있도록 민간을 지원하고 있다.

이러한 일을 '사회혁신'이라 한다. 사회가 해결해야 하는 여러 가지 과제를 기업^{시장}과 공공기관^{정부}이 맡아왔는데 시장과 정부가 해결하기 어려운 문제들, 즉 사회적 난제가 점점 많아지고 있어 이를 시민이 주체가 되어 해결하면 더 창의적이고 효율적으로 해결할 수 있다는 개념이다. 사회서비스 분야와 사회적경제 분야에서 이러한 일을 시작했고 최근 문화예술분야로 확장되었다.

우리 동네 한 청년은 하는 일이 6개이다. 동네 공동체 사업체의 물건을 모아 파는 편집샵 '홍홍'의 사장, 동네 월간지 기자, 동네 장터 셀러, 미디어 전문강사, 방과후 학교 강사, 마을의 문화예술 기획자 등. 돈이 부족해지면 돈을 벌 수 있는 일을 늘리고 돈이 많으면 하고 싶은 일을 늘리며 수년간을 살고 있다. 아무 문제도 없다고 이야기한다. 이 친구의 일 중에 그래도 돈이 되는 일은 지방정부 혹은 공공기관과 연관된 일이다. 지역에서 무슨 일을 할 때 서울이나 대도시에서 전문가를 불러와야 일을 잘한다는 생각이 변하고 있고 그래서 X2의 가능성은 더 커졌다.

내가 사는 완주군에는 민관협력 방식으로 일하는 단체가

있고 이 단체에는 정규 및 비정규, 상근 및 비상근의 많은 일자리가 있다. 또, 이러한 기관에 완주로 귀향한 분들이 상당수 일을 하고 있다. 조금만 관심을 기울이면 이런 분야의 일자리 정보를 얻을 수 있다. 지역도 탐색할 수 있고 비교적 안정적인 X2가 될 수 있다. 아름아름경제와 지역의 변화가 X의 가능성을 점점 크게 만들고 있다.

농의 디자인

마지막 단계는 농사를 디자인해야 한다. 농사의 규모와 수준은 농사를 지을 수 있는 여건이 충분한지, 농사에 어느 정도 취향이 있는지와 함께 X가 어느 정도 재무적 목표를 달성할 수 있는지에 따라 달라질 것이다. 도심지역에서 넓은 토지를 구하는 것은 어려울 수 있다. 하지만 베란다, 옥상, 자투리 땅을 이용할 수 있다. 앞서 이야기했듯이 새로운 삶을 시작한다면 텃밭 수준이라도 농사를 짓기를 권한다. 재무적으로는 큰돈을 벌 수 없어도 일정 부분 지출을 줄일 수 있고 다른 기쁨과 보람을 누릴 수 있다.

농사를 낮은 수준부터 정리하면 ① 푸성귀의 자급 ② 다양한 식량의 자급 ③ 잉여의 판매 ④ 로컬푸드 생산 ⑤ 전업형 농사로 나눌 수 있다. 각 수준의 특징과 농사방식을 정리하면 아래와 같다.

푸성귀의 자급

이 수준은 농사의 여건이 충분치 않은 도시, 체력적으로 농사에 자신이 없는 경우, X로 얻는 수익이 충분하거나 X로 시간적 여유가 없을 때 적용할 수 있다. 이 수준에서 가장 효과적인 작목은 신선도가 맛과 기능을 크게 좌우하는 신선 채소이다. 실제 2~3평의 텃밭은 상추, 깻잎, 가지, 오이, 토마토 등을 사지 않아도 되고 건강을 얻는다. 신선 채소가 중심이기 때문에 자주 수확해서 먹을 수 있도록 집과 가까운 곳에서 농사를 지어야 한다.

다양한 식량의 자급

자급하고자 하는 농사는 자급 범위를 넓히기 위해 다양한 작목을 재배해야 한다. 주식인 쌀을 경작하는 것이 좋지만 논은 벼만 심어야 하고 적정 규모가 되지 않으면 기계화가 이

루어진 논농사의 장점을 살릴 수 없다.[23]

이에 반해 밭은 구획하여 다양한 작목을 심을 수 있고 한 해 심었던 작물이 적절하지 않으면 규모를 줄이거나 다른 작목으로 전환할 수 있다. 그래서 밭농사부터 시작하는 것이 좋다. 밭이 집과 가깝다면 신선 채소를 함께 경작할 수 있다. 신선 채소 외의 주식을 대체할 수 있는 것, 저장하면 오래 먹을 수 있는 것, 요리에 활용하는 양념 재료 등이 좋다. 감자, 고구마, 콩을 포함하는 잡곡, 파, 양파, 마늘, 고추 등이다. 과일이나 특수한 작목 등은 마당과 텃밭, 밭 주변의 자투리를 이용하면 자급할 만큼 얻을 수 있다. 자급을 위한 축산은 도축에 어려움이 있으니 신중하게 선택해야 한다.

---

23. 완주군에는 '고산권벼농사두레'라는 벼농사를 함께 짓는 모임이 있다. 선후배 귀농인이 모여 벼농사를 함께 짓고 농사짓지 않는 회원들은 농사작업에 참여하고 생산한 쌀을 구매한다. 농부 회원들은 작업일정표를 짜고 농기계가 필요한 일을 함께 해결한다. 이 모임이 있어 200평 정도의 작은 규모의 논농사가 가능해져서 자급 논농사를 짓는 사람들이 늘어났다. 하지만 이런 모임이 지역에 없으면 소규모 논농사는 쉽지 않다.

▲ 완주의 로컬푸드 직매장. 농부가 직접 매대에 가져다 놓고 가격을 정하고 안 팔리는 것은 스스로 처분한다. 시장 유통방식에 따르지 않기 때문에 자본주의에서 벗어난 농산물 직거래 방식이다.

잉여의 판매

이 수준의 농사는 조금 애매하다. 자급 수준의 농사를 짓다가 재배에 자신이 생긴 작목의 규모를 좀 늘리는 방식이다. 그래서 자급 수준에서 로컬푸드 생산자로 발전하는 중간단계이거나 상업적 경작을 위해 다른 사람들이 해보지 않았거나 생소한 작목을 시험적으로 재배하는 경우가 될 수 있다. 작은 규모로 연습하고 자신이 붙으면 규모를 늘려 다음 단계로 넘어가는 과정이다. 돈이 된다고 급하게 대량 식재를 한 후 너도나도 뛰어들어 공급량이 많아져 함께 망하는 일이 우리 농촌에는 흔히 일어난다. 농사에 아직 초보인 만큼 배울 요량으로 재배하고 재배하면서 시장 상황도 파악할 필요가 있다. 그런 요량의 농사이다.

로컬푸드 생산

로컬푸드 생산의 기본적인 방식은 다품종 소량생산이다. 그래서 가장 중요한 건 작부체계를 짜는 것이다. 작부체계는 작물의 종류별 재배순서인데 기상조건과 지력 유지에 적합하도록 재배하는 작물의 종류를 시기별로 계획하는 것을 의미한다. 하지만 단순히 순서만 정하는 것이 아니라 특정 작물의 재배면적도 정해야 한다. 이는 작물의 영농작업의 시기별 변화, 강도, 투입하는 자원, 소요비용, 수확후 예상 수익 등을 고려해야 한다. 작부체계는 1년 단위로 짜기도 하지만 2~3년 혹은 그 이상이 될 수도 있다. 작부체계를 만들려면 재배달력이 필요하다. 이 달력에는 다양한 작물의 파종시기와 수확시기가 나와있다. 크게는 봄에 심어 가을까지 수확하는 것, 봄에 심어 여름에 수확하는 것, 여름에 심어 가을에 수확하는 것,

겨울 동안 재배하는 것으로 나누어 순서를 정하면 된다. 그러나 무엇보다도 로컬푸드로 팔 수 있는지를 파악해야 한다. 로컬푸드 직매장에서 특정 품목은 추가적인 생산자를 받아들이지 않는다. 그래서 로컬푸드 직매장을 방문하거나 로컬푸드 생산자 단체로부터 이런 정보를 얻어야 한다. 내가 재배하고 싶은 작목에 생산자가 많은지, 아직 로컬푸드로 공급되지 않는 작목은 어떤 것인지를 파악하면 된다. 판매 가능한 작목을 선정하고 그 작물을 재배기간 특성으로 분류한 후 소요비용, 농업노동의 분산, 수익의 적절성 등을 종합적으로 고려한다. 로컬푸드는 연중 일정한 가격, 혹은 생산자가 제시한 가격으로 팔 수 있어 농사로 얻고자 하는 소득을 안정적으로 뒷받침할 수 있다. 또 한가지 작목을 경작하면 노동이 특정 시기에 집중되는데 다품종 소량생산의 로컬푸드는 농업노동을 적절하게 분산할 수 있어 반농반X에 더 적합하다.

전업형 농사

전업형 농사는 반농반X가 쉽지 않다.[24] 하지만 X가 시간을 통제할 수 있는 일이라면 가능하겠다. 가장 적합한 작목은 쌀이다. 재배기술이 잘 알려져 있고 기계화가 이루어졌기 때문이다. 하지만 적절한 수익을 내려면 제법 넓은 논과 비싼 기계가 필요하다. 전업형 농사에서 가장 유의해야 하는 점은 농산물 가격의 불안정성이다. 가격탄력성이 없는 농산물에 시장원리를 적용하니 생긴 부조리인데 이를 피하려면 작목의 포트폴리오를 짤 필요가 있다. 안정적 수익을 낼 수 있는 작목, 불확실성이 있으나 수익을 낼 수 있는 작목, 장기적인 안목으로 재배를 하는 작목 등 위험을 회피할 수 있도록 수 개의 작목을 주식투자를 하듯이 경작하는 것이 좋다. 가장 피해야 할 것은 돈이 된다고 넓은 토지에 한가지 작목만 심는 것이

---

24. 농가를 구별할 때 전업농가와 겸업농가를 구별한다. 전업농가는 농사에만 종사하는 가구원이 있거나 농사 이외의 돈벌이에 종사하더라도 연간 누계일수가 30일 이상 종사한 가구원이 없는 농가를 의미한다. 전업형 농사는 전업에 가까운 농사를 짓는 농사로 생계의 상당 부분을 농사에 의존하거나 일하는 시간의 상당 부분을 농사에 할애하는, 환금을 목적으로 상업적 작물을 재배하는 농사의 형태를 의미한다.

다. 반농반X가 어렵고 농사를 짓는 방식이 사회적 관계보다는 시장적 관계에 의존하기 때문에 새로운 삶을 찾고자 하는 귀향생활에 적합한지 신중하게 고민할 필요가 있다.

앞서 제시한 농사의 수준 중에 하나만 골라야 하는 것은 아니다. X에 치중해야 하고 농사의 경험이 없다면 푸성귀의 자급부터 시작하고 X가 익숙해지고 농사를 늘릴 수 있는 여력이 생기면 다른 수준의 농사로 확장해나갈 수 있다. 또한, 적절한 농사의 소득이 달성할 수 있도록 낮은 수준에서부터 높은 수준으로 여러 수준의 농사를 병행하는 것도 가능하다. 어느 수준까지의 농사를 선택할 것인지, 농사 수준 사이의 배분을 어떻게 할 것인지를 파악하기 위해 <표3-7>을 작성해보자.

자급 농사는 자급으로 줄일 수 있는 지출이 곧 수익이 된다. 이전의 가계부에서 지출한 농산물 구입비에서 재배할 작목과 일치하는 품목의 구입비의 전부 혹은 일부가 예상 수익이 될 것이다. 정확하게 계산이 어렵다면 전체 식품구입비의 일부로 예측해놓자. 잉여의 판매는 물물교환으로 지출을 줄

<표3-7> 유형별 농사의 규모를 정하기 위한 표

구분	작목	면적	예상 수익	노동시간
푸성귀의 자급				
다양한 식량의 자급				
잉여의 판매				
로컬푸드 생산				
상업적 생산				
합계				

인 금액, 지인에게 판매한 금액을 예상하여 적는다. 로컬푸드
나 상업적 생산은 작목과 면적이 정해지면 수확량을 산정할
수 있고 농산물 판매와 관련한 통계, 시장조사, 주변 농민의
정보 등을 통해 예상 수익을 예측할 수 있다. 이 합계 금액이
앞서 만들었던 다운시프트 디자인에서 만들었던 농사로 얻
어야 하는 소득에 부합하면 된다.

　　마지막으로 고려할 것은 농사에 할애하는 노동시간이다.
통계청의 농가경제 자료에 농업노동에 대한 자료가 있어 이
를 참고해도 되지만 주변의 농부, 선배 귀농인에게 대강의 노
동시간을 가늠해달라고 하는 것이 빠를 것이다. 농업노동시

간의 총량이 X를 병행할 수 있는 수준인지, 내 육체적 조건이나 사회적 조건에 적합한 것인지 검토하면 된다. 꼭 시도할 필요는 없지만, 최저임금, 도시근로자 평균 임금, 직장에서 받았던 임금 등을 시간당 임금으로 만들어 농업노동시간의 총량에 곱해보자. 농업 노동에 대한 가치는 사람마다 다를 것이다. 그래서 농업 노동의 가치를 화폐로 환산해 많다, 적다를 판단하는 것은 적절치 않을 것이나 농업노동의 화폐적 가치와 그 노동이 생산한 농산물의 화폐적 가치를 비교하는 것은 농사의 비중이 적절한지를 판단할 수 있는 정보가 될 수 있다. 농사로 얻는 수익과 비교하여 화폐적 가치로 환산한 농업노동이 과하다고 생각한다면 농사의 규모를 다시 산정하거나 농사방식을 조정할 필요가 있다. 또한, 예기치 못한 사정이 생겨 직접 농사를 짓지 못하면 품을 사야 하는데 자가 농업노동 시간이 너무 많으면 품을 사는 비용이 많이 들어 농사를 중간에 접어야 하는 일이 생기기도 한다.

귀향디자인 과정이 한 번에 이루어지지 않는다. 적절치 않다고 판단되면 다운시프트에서부터 시작하여 X와 농디자인을 반복해야 한다. 농사는 1년을 주기로 작업이 순환하고 수입과 지출을 가늠할 수 있기 때문에 귀향디자인도 안정화될 때까지 1년에 한 번씩 다시 해야 한다. 특히 의도한 대로 귀향디자인이 작동하지 않았다면 그 원인을 분석하여 새로운 디자인을 적용해야 한다.

반농반X + α

50세를 바라보며 요리를 시작했다. 손님이 오면 고기를 구우며 집사람 일을 돕는 시늉을 했었다. 시작은 고기 양념을 하는 것이었다. 가족들이 좋아했다. 시금치와 콩나물을 무치고 미역국과 소고기국을 끓이고 파스타를 만들었다. 먹방 프로그램과 유튜브의 요리방송을 보며 새로운 요리에 도전했다. 내친김에 집사람에게 부엌을 관리하겠다 했다. 지금은 일주일에 두세 번, 2~3일 식단을 고민하면서 장을 본다. 버리기 아까운 음식 때문에 허리 둘레는 늘어도 가족들과 함께 하는 시간이 많아졌고 즐거움이 되었다. 그렇게 요리가 내 본능이라는 것을 알았다. 나는 가끔 우리 동네 벼룩시장에 나가 한잔상담소를 운영한다. 요리를 만들면 동네 친구들이 술을 가지고 온다. 술 한잔을 하며 무엇이든 상담을 할 수 있는 좌판

인데 정작 상담을 청하는 사람은 많지 않아 동네 친구들이 낮술을 먹는 명분이 될 때가 많다. 술판에 참여한 사람들은 먹은 만큼 알아서 돈을 낸다. 나는 그 돈을 모아 재료비를 빼고 우리 동네의 청소년 활동을 하는 협동조합에 기부한다.

이사를 많이 하며 살았다. 춘천에서의 일이다. 큰아이의 자전거를 사야 하는데 동네 자전거 가게보다 대형마트의 자전거가 더 저렴했다. 하지만 동네 자전거 가게에 손님이 있는 것을 보지 못했고 많은 날 허공만 쳐다보는 자전거 가게 할아버지 모습이 눈에 밟혀 그 자전거를 샀다. 충남 서천군으로 이사했다. 큰 아이는 그 자전거로 등하교를 했고 어느 날 빠져버린 타이어 코크를 끼우기 위해 동네 자전거 가게에 갔다. 서천의 자전거 가게 주인은 자전거를 사러 오는 이는 없고 돈이 되지 않는 이런 수리만 하고 있다며 투덜거렸다. 이 자전거 가게와 인근 도시의 대형마트는 자동차로 불과 20분 거리밖에 되지 않는다. 서천에서 자전거를 팔고 자전거를 고치던 누구의 아들이고 누구의 아버지였던 그 아저씨의 일자리는 그렇게 위태로워지고 있었다.

▲ '한잔상담소' 충경. 요리를 서너 가지 준비해 나가 순서대로 만드는데, 동네의 또래 아재들이 술을 가지고 나온다. 지나가는 사람들이 간판을 보며 뭘 상담하냐 묻는다. 여럿이 모여 있으니 무엇이든 상담이 가능하다.

녹차밭이 많은 남도의 한 마을에서 마을발전계획을 만들던 때의 일이다. 녹차농사를 짓는 농부들을 인터뷰 하다가 물어보았다. 첫 번째 질문, 혹시 술은 주로 어디에서 드시나요? 인근의 큰 도시 번화가가 답이다. 가까운 읍내에는 좋은 술집이 없기 때문이란다. 두 번째 질문, 혹시 농사짓지 않는 농산물은 어디에서 구매하나요? 인근 도시의 대형마트라는 답. 마지막 질문, 혹시 어디 사시나요? 인근 도시 아파트라는 답. 큰돈만 시골에서 도시로 빠져나가는 것은 아니다. 시골에서는 구매할만한 물건과 서비스를 얻기 어려워 시골에 사는 사람들도 대부분의 소비를 도시에서 한다. 더 불편해지니 젊은 층부터 도시로 이사한다. 심지어 농부도 도시에서 출퇴근하며 농사를 짓는다. 이렇게 시골 학교의 학생 수는 감소하고 학생이 많지 않아 교육의 질이 떨어질 거라는 생각에 다른 학부모도 이사한다. 이런 방식으로 시골의 인구감소는 악순환의 고리를 형성하고 있다. 얼마 전 일본에서 「지방소멸」이라는 책이 출간되어 화제가 되었다.[25] 이어 우리나라도 비슷한 현상이 일어난다고 예측하는 보고서가 여기저기서 만들어졌다. 이렇게 시골과 지역사회가 무너진다면 귀향은 가능할까. 어디로 가야 하나.

　돈 버는 일만 일이 아니다. 좋아서 하는 일도, 가치있는 일도 일이다. 사람이 태어나 돈 버는 노동만 한다면 이보다 불행한 일이 어디 있을까. 나는 좋아하는 요리로 가치있는 일을 할 수 있게 되었다. 나중엔 동네에서 조그만 심야식당을 해야지.

---

25. 현재의 인구감소 추세가 계속된다면 가까운 미래에 일본의 지방자치단체 중 절반이 소멸할 것이며 도쿄 중심의 극점화를 막지 않으면 소멸은 중소도시로 이어지고 결국 일본 전체가 위험에 빠질 것이라 경고했다. 「지방소멸」, (마스다 히로야, 와이즈베리, 2015.)

좋은 사람들이 찾아오고 맛있는 요리와 한잔 술을 기울이며 훈훈한 대화를 나눌 수 있다면 좋겠다. 행복한 상상이다. 손님들이 오지 않으면 어떻게 하지, 식당을 냈다가 망하면 어떻게 하지. 불안감이 없지 않다. 하지만 믿는 구석이 있다. 우리 동네에 이런 일이 있었다. 한 귀농인이 마당에서 딴 모과로 청을 만들어 팔았다. 그 가격이 너무 싸다고 단체 대화방에서 의견이 오고 갔다. 급기야 모과청을 산 사람들이 담합하여 그가격을 올렸다. 우리 동네는 그런 동네이다. 우리 동네에서 내가 하는 식당은 망하지 않을 거다. 그렇게 나는 내가 사는 동네를 믿는다. 그래서 한잔상담소를 통해 이웃을 만나고 아이들과 청년들을 응원한다. 그렇게 더 믿을 수 있는 동네가 되면 내가 만든 심야식당이 망할 가능성은 더 줄어들 것이다.

본능을 찾았다고 그 본능이 저절로 내 일이 되지 않는다. 그렇게 쉬웠다면 이미 회색빛 도시에서, 팍팍한 자본주의 속에서도 사람들은 본능을 찾고 그 일을 하고 있을 것이다. 나는 그 해답의 열쇠가 로컬리티에 있다고 생각한다. 정부가 지원하는 몇 푼의 지원사업으로 시골과 지역사회가 침체의 늪을

빠져나올 수 있다고 생각지 않는다. 얄팍한 도시민의 방문을 매개로 어느 지역에서나 할 수 있는 일로 돈 냄새가 풀풀 나는 건물을 짓고 거기서 하는 일을 SNS에 이쁘게 포장한다고 해서 지역은 바뀌지 않는다. 오히려 그 일이 이웃을 줄 세우고 마을과 동네를 자본주의 앞에 빨가벗기지 않으면 다행이다. 이것을 막는 열쇠도 로컬리티에 있을 것이다. 본능을 내 일로 만들려면 기댈 수 있는 이웃이 있어야 한다. 믿을 수 있는 마을과 동네가 필요하다. 지역사회에 로컬리티가 필요하다.

귀향하면 향민권을 얻는다. 향민鄕民은 시골에 사는 백성을 이르는 말인데 향민권은 사전에 있는 말이 아니며 행정적, 공식적으로 규정되어 있는 권리도 아니다. 다만 로컬리티가 살아있는 마을과 동네에서 살면 누릴 수 있는 눈에 보이지 않는, 화폐나 수치로 정량화되지 않는, 상호교류와 신뢰를 통해 얻어지는 권리가 있다. 나는 이를 향민권이라 부른다. 이 향민권에는 책임이 따른다. 시골을 시골답게, 마을을 마을답게 만들어야 하는 책임이 있다. 그 책임을 다해야 한다. 내 본능만 찾아서 될 일이 아니다. 왜냐하면 향민권을 통해 우리는 본능으로 행복해질 수 있기 때문이다. 귀향디자인은 반농반X에 향민권의 책임을 다하는 α를 더해야 비로소 완성된다.

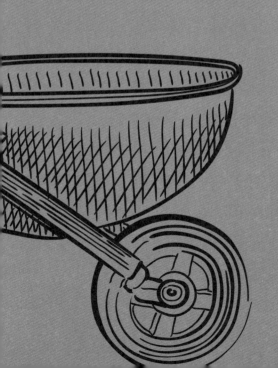

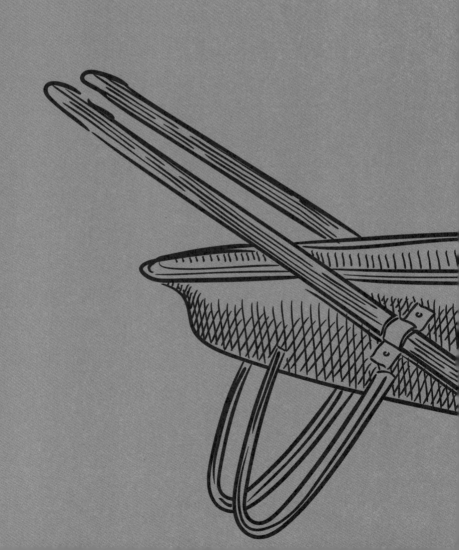

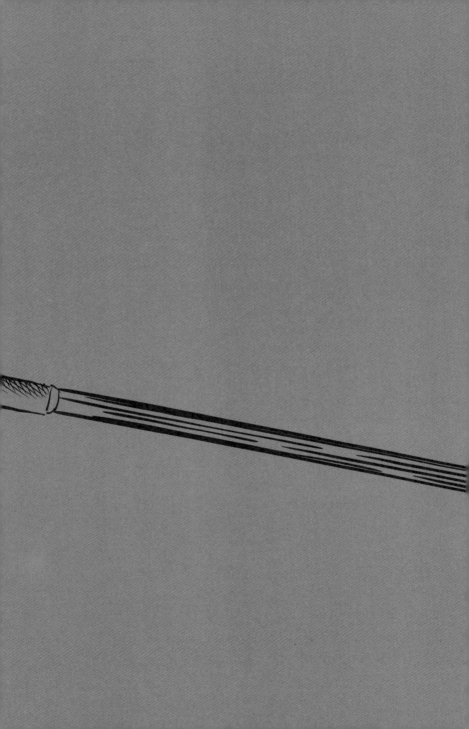

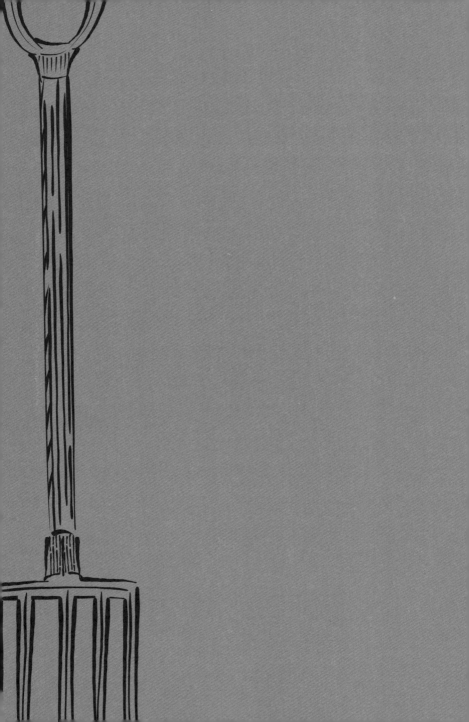